노을 공책

노을 공책

초판발행 2022년 12월 27일

지은이 전오영
펴낸이 신지원
펴낸곳 소소담담
등 록 2015년 10월 7일(제2017-000017호)
주 소 대구광역시 북구 호국로 43길 7-19
전 화 053-953-2112

ISBN 979-11-88323-98-2(03810)
ⓒ 전오영 2022

* 저자와 출판사의 사전 동의 없는 무단 전재 및 복제를 금합니다.
* 이 도서는 2022년도 한국문화예술위원회 아르코문학창작기금(발간지원) 사업
  에 선정되어 발간되었습니다.
* 이 책은 2022년 전북문화관광재단 지역문화예술육성지원사업의 지원을 받았
  습니다

노을 공책

전오영 수필집

• 작가의 말

아직 쓰지 않은 이야기들에게

  어딘가에 숨어 있을 이야기를 기다리는 일은 늘 긴장되고 설렌다. 하지만 세상으로 나온 이야기들은 부끄럽다. 무엇보다 질곡의 언저리를 떠도는 이야기들을 어떻게 풀어낼 것인가에 대한 자신이 없었다. 때문에 등단한 지 십 년을 훌쩍 넘기고도 수필집으로 묶어내는 일이 쉽지 않았다. 그러나 '아르코문학창작기금' 발간지원 도서에 선정된 일이 계기가 되어 용기를 냈다. 그동안 음지에 갇혀 있던 이야기들에게 미안하다. 책으로 묶어 나오는 순간, 나는 또 부끄러울 것이다.

2022년 12월
전오영

• 차례

작가의 말 ・5

제1부 멀어진다, 한 편의 시
물음 ・13

일체유심조 ・17

멀어진다, 한 편의 시 ・21

우화를 꿈꾸며 ・25

그 기억은 사진 속에 인화되듯 ・29

순간을 비켜서다 ・33

눈물의 반란 ・37

고소한 고민 ・41

꿈꾸는 장미 ・46

촐촐한 밥상 ・50

민들레 ・54

벚꽃 흩날리듯 ・58

제2부 기억은 책 속의 삽화처럼

Let It Go ·65

큐티클 ·69

기억은 책 속의 삽화처럼 ·74

나를 유배 보내다 ·78

노을 공책 ·82

반닫이 ·86

이별의 무게 ·90

백오십 미터 ·95

아리아드네 ·99

웃음에 대하여 ·103

기억의 곡면 ·107

제3부 세한도

아름다운 그늘 ·115

아버지의 호박죽 ·119

조율 ·123

모자를 고르는 일처럼 ·126

꽃잔 ·131

영신당 ·134

씨앗이 김치가 되려면 ·139

이소 ·143

화답 ·148

세한도 ·152

가치전도의 소리굽쇠 ·156

제4부 차수이립

필연의 근황을 묻다 ·161

문학기행 ·165

차수이립叉手而立 ·169

계영배 ·173

독사 ·177

사유의 차위差位, 사이 혹은 경계 ·180

입체경 ·184

석동산 가는 길 ·188

낙엽 ·191

기억에 대하여 ·195

목련 ·199

【작품론】 곡선의 사유와 의미의 여백 배귀선(문학평론가) ·204

제1부
멀어진다, 한 편의 시

물음

    바위에 내려앉을 듯 말 듯한 나비 형상이 실제보다 더 실제 같다. 더 가까이 다가가 섬세함과 마주한다. 부스럭거리는 소리가 집중을 가른다. 도예 작품에서 시선을 옮겨 소리를 좇는다. 분홍 머리띠를 한 아이가 비닐봉지 속에서 작은 나비 모형을 꺼내고 있다.
    전시장 입구 안내 데스크에서 어린이에게 나눠주던 것인데, 그 아이는 선물을 받자마자 벽면의 나비 작품들을 향해 달려갔었다. 형형색색 나비들이 날아오르는 장면을 형상화한 그 작품이 아이에게 호기심으로 다가온 것 같았다. 투명한 비닐봉지 속에서 노란 나비 모형을 꺼낸 아이는 벽면의 나비와 제 손의 나비를 번갈아 바라본다.

 무의식에서 비교하게 되는 내 오래된 습속을 생각하며 다른 작품 앞에 선다. 갈색 상자 위로 노란 나비들이 날고 있다. 그 옆 새장 속 나비 작품이 시선을 끈다. 프랑스의 과학철학자 가스통 바슐라르는《공간의 시학》을 통해 모든 거처는 안온함의 상징이라 언급하였는데 새장 속 나비는 안온할까? 구속과 자유를 상징하는 대비가 내 삶의 공간을 두리번거리게 한다.

 수년 동안 문화회관을 오가며 다양한 전시 안내 플래카드를 보곤 했다. 그럴 때마다 무심히 지나쳤었다. 그런데 나비를 테마로 한 이번 전시회는 다르게 다가왔다.

 벽을 따라 천천히 걷는다. 액자 속 나비들이 금방이라도 날아오를 듯 날개를 펼치고 있다. 타원형의 화강암 옆 나비의 형상에서 가벼움과 무거움에 대한 이야기를 듣는다. 중력에 순응하는 것과 중력을 거스르는 주제의 동선을 헤아려본다. 다른 곳에 배치된 나비보다 유독 날개가 무거워 보인다. 삶은 무거움을 벗는 일이며 결국 가벼운 곳을 찾아야 한다는 듯 작품 속 날개가 곤고하다. 내 어깻죽지에 힘이 들어가는 것 같다. 반복의 일상성에서 벗어나 어디론가 날아가고 싶은 내 욕망의 날개와 닮은 것도 같다.

 그날 산길은 전에 없이 호젓했었다. 참나무 곁으로 담상담상 피어 있는 진달래가 일상에서 찌든 마음을 씻어주는 듯 환했다. 완만한 경사를 지나 다소 가파른 중턱을 넘고 나자 평평한 오솔길이 이어졌다. 때맞춰 불어온 바람은 이마의 땀을 닦아주었다. 좀 더 강한 바람이 가슴에 닿는 순간, 풀숲에서 나비들이 일시에 날아올랐다. 나비 떼의 비상이 고요한 숲을 깨우는 듯했다. 바람결인 듯 '오상아吾喪我'라는 말이 뇌리를 스쳤다. 숨죽임도 잠시, 나비들은 순식간에 날아가 버렸다. 한동안 걸음을 옮기지 못하고 환영으로 남은 허공을 바라보았다. 헤르만 헤세는 나비를 덧없는 아름다움이라 했던가.

  살아가면서 나비의 가벼움이 그리움으로 연상되곤 할 때면 이루마의 피아노 연주곡 'Papillon'을 찾아 듣곤 한다. 제목이 주는 각별함도 있지만 그의 곡을 따라가다 보면 건반 위로 나비들이 날아다닐 것 같아서이기도 하고 어떤 때는 날갯짓 너머의 영원한 자유에 대해 생각할 수 있어서다. 이 음악을 듣다 보면 또 하나의 장면이 떠오르곤 한다. 〈빠삐용〉이란 영화인데, 주인공 샤리에르의 가슴에 새겨진 나비문신이 강렬함으로 다가왔기 때문이다. 이빨이 다 빠진 빠삐용에게 문신은 상징 같은 것으로 외딴섬 절벽의 두려움도 이겨낸 자유에의 의지 같은 것이다.

  감옥이라는 공간을 벗어나기 위해 끊임없이 탈출을 시도하던 빠삐용은 결국 백발이 다 되어서야 탈옥에 성공한다. 하지만 그에게 주어진 자유는 무엇일까. 세상으로의 탈출이 그가 머물렀던 갇힌 공간과 다를 것 없는 이첩된 공간에 불과한 것이라 생각될 때가 있다. 빠삐용의 자유의지가 이곳에서 저곳으로 옮겨진 관습화된 자유라는 사유에 닿을 때면 나비의 가벼움에 대한 동경도 한낱 부질없는 습속의 전유물로 전락되곤 한다. 삶의 질고에서 벗어나고자 하는 희망보다는 차라리 절망이 희망이지 싶다. 때문에 선자는 虛·無·空과 자비와 사랑을 언급했지 싶기도 하다.

무엇을 결론할 수 없을 때, 가장 무난한 결론인 무엇을 무엇이라 하지 않는 순한 바람이 반쯤 열린 쪽창으로 들어온다. 그러나 생이라는 내 마음 상자에 가득 찬 욕망이 삶을 움켜쥐고 놓지 못한다. 오늘처럼 나비 앞에서의 멈춤도 나비인형을 쥔 저 어린이 같은 내 어린 날의 순수이기보다는 내 의식의 무거움에서 오는 것일 터, 또 하나의 집착이 화강암에 눌리는 것 같다.

전시 마감을 알리는 안내 방송이 스피커를 타고 천천히 출구로 향한다. 갇힌 나를 버리고 자유로운 꿈을 꾸라는 장자의 말이 앞선다. 어디에 두었는지 아이의 손에는 나비가 없다. 나와는 달리 아이의 걸음이 아까보다 더 가벼워 보인다.

일체유심조

 굉음이다. 순간 머리가 쭈뼛했다. 반사적으로 소리의 진원지를 쫓아간 동공이 한동안 긴장을 풀지 못하고 서성인다. 실체를 볼 수 없는 소리만으로의 두려움이 불안과 공포를 더 깊게 한다. 출입문의 손잡이를 주시하며 휴대폰을 꺼낸다. 자정을 넘긴 시각이 깜빡거린다. 여차하면 112로 신고할 요량으로 손전화 화면을 밀어 긴급전화를 찾는다. 숨죽이고 한참을 그렇게 서 있었다.
 간혹 의자가 삐걱댄다거나 책장을 넘기는 소리만 들릴 뿐, 고요했던 공간이 한순간의 소리에 의해 경직되었는데 더 이상의 소리는 들리지 않는다. 언제 그랬냐는 듯 시치미를 떼고 잠잠한 시간이 이어진다. 몽둥이라도 들고 밖에 나가 확인해 볼까, 망설이다가 그만둔다. 날 밝으면 확인해 보자는 생각에 그대로 의자에 앉는다. 하지만 내 의식은 문밖의 상황에 붙들려 안절부절못한다. 아무렇지 않은 듯 책에 눈을 주려 애써보지만 읽던 페이지 그대로다.

할 수 없이 책에서 눈을 뗀다. 누군가 침입을 하다가 넘어진 것 같은 소리 때문에 두려움이 떨쳐 지지 않는다. 크고 작은 화분이 놓여 있는 책장 옆으로 시선을 옮긴다. 좀체 이전의 상태로 돌아가지 못하는 나를 화분 속 군자란이 불안한 기색으로 바라보고 있는 것 같다. 식물들도 기쁨과 슬픔, 아픔을 지각할 수 있다고 밝힌 백스터의 실험에 관한 글이 떠오른다. 식물도 나름의 언어체계가 있고 소통을 한다는 백스터 이론으로 생각해 보면 지금 이 순간 나 혼자 있는 게 아니다. 수년간 함께 살아온 화분 속 동료가 있는 것이라며, 스스로 최면을 걸듯 중얼거린다. 누가 보면 실성한 사람처럼 급기야 군자란에게 물음을 던진다. 거짓말처럼 두려움이 조금씩 사그라진다. 여러 식물 중에 유독 군자란에 시선이 간 것은 차분한 형상 때문이기도 하지만 '군자'라는 이름 때문인지도 모른다. 한동안 화분을 들여다보면서 중얼거리며 무섬증을 쓸어내린다.

쉬이 찾아올 것 같지 않던 잠이 언제 찾아왔는지 자그마한 창문에 드는 동살에 눈을 뜬다. 날이 밝았어도 소음의 진원이 있는 거실을 마주할 용기가 나지 않는다. 시건 장치를 풀고 살며시 방문을 연다. 좁은 공간으로 들어오는 전경은 그대로다. 좀 더 문을 밀친다. 한밤을 불안에 떨게 했던 소리의 정체가 드러난다. 거실 벽에 걸어 두었던 액자가 제 무게를 견디지 못하고 떨어진 거였다. 마음에 새겨 두면 좋은 글귀라며 지인이 선물한 니들포인트 액자였다. 제법 큰 액자 프레임 안에는 한 땀 한 땀 새긴 '일체유심조'라는 한자가 들어 있다. 글귀의 기의적 의미도 마음을 끌게 하였지만 멋스럽기까지 해 나는 이사할 때도 버리지 못하고 꾸역꾸역 가져왔었다. 나사못이 조금 약하다 싶었으나 그대로 걸었던 게 화근이었다. 추후 못을 교체해야겠다던 것조차 까마득히 잊고 있었다.

  영화 〈어둠 속의 댄서〉에서 주인공 셀마(비요크 분)에게 소리는 두려움의 대상이 아니었다. 유전적으로 시력이 약해지면서 실명에 이르는 병을 앓고 있는 그녀는 밤과 낮의 소리를 분별하지 않을뿐더러 어둠 속의 소리를 리듬으로 받아들인다. 싱크대 공장에서 밤낮으로 일하며 수술비를 모으는 과정에서 들려오는 기계음은 소음도 두려움도 아니었다. 한밤의 느닷없는 소리를 공포로 인식한 나와 달리 셀마는 곡선의 선율로 받아들인 것이다. 소리를 통해 삶을 주체적으로 조율한 그녀에게 소리는 생이었고 나에게는 한순간 지옥이었다. 무엇을 무엇이라고 규정하는 순간 그것에 얽매일 수밖에 없다는 이치를 생각한다. 두려움도 환함도 내가 만들어내는 것이라는 생각에 쑥스러워진다.

거실 바닥의 부서진 액자를 정리한다. 내 의식을 찌르며 여기저기 흩어져 있던 소리의 파편을 쓸어 담는다. 내 심상과는 달리 '일체유심조' 글귀는 아직 선명하다.

멀어진다, 한 편의 시

　연두로 채워진다. 나무와 나무의 간격이 가까워지는 만큼 허공이 줄어든다. 연둣빛 숲에서 들려오는 새소리가 맑다.
　이즈음이면 전국이 축제로 들썩인다. 오래전에는 신과 인간의 관계였던 축제가 지방자치제 이후에는 지역을 알리는 동시에 지역민과의 소통의 장으로 탈바꿈해가고 있다. 축제 첫날, 서둘러 준비하고 나선다.
　마실축제가 있는 거리에 플래카드들이 물결치듯 출렁인다. 다양한 행사의 알림을 위해 천에 새겨지는 플래카드의 글자들. 축제가 끝나면 사라질 플래카드 속 문구지만 그 속에도 나름의 의미가 있다. 김춘수 시인이 대상의 이름을 불러줌으로써 의미를 부여했듯 플래카드의 문구는 행사를 위해 펄럭임으로써 의미를 지닌다.

내가 속한 문학단체에서도 배너에 시와 수필을 그림과 함께 프린트하여 전시한다. 문학회의 부스가 있는 장소에 당도하니 부스마다 방문객 맞을 채비를 하느라 분주하다. 먼저 나와 있던 동료와 함께 시와 그림이 있는 마실마당의 문을 열고 산책로를 따라 설치된 시화들을 둘러본다. 몇 날의 밤을 새워 지었을 동인들의 작품과 초대작품들이 연두로 살아 움직이는 것 같다.

시간이 흐를수록 사람들의 발길이 이어진다. 아빠의 어깨에 무동 타고 오는 아이, 나뭇잎처럼 팔짱 끼고 지나가는 남녀, 삼삼오오 웃으며 가다 서다 반복하는 학생들, 북적인다. 그 곁으로 알음이 있는 학생 한 명이 보인다. 예전에 비해 몰라보게 성장했지만 그 아이는 분명 수빈이였다. 이 년 전 모 초등학교에서 글쓰기를 가르쳤던 학생인데 부스에 있는 나를 보지 못한 것인지 제 또래의 친구들과 함께 스쳐 지나간다.

이렇게 축제를 즐기는 사람들은 아랑곳없이 여기저기를 두리번거리며 리어카를 끌고 가는 한 노인이 보인다. 노인이 리어카를 끄는지 리어카가 노인을 이끄는지 모를 속도다. 한쪽에서는 풍선을 불고, 전을 부치고, 술잔이 오가고, 노랫소리 흥겨운데 노인은 관심이 없는 듯 두리번거릴 뿐이다.

노인은 축제장 한쪽 구석에 버려진 빈 박스들 옆에 리어카를 세운다. 천천히 박스를 펴고 접어 수레에 싣는다. 폐지를 줍는 노인들에게는 오늘 같은 날이 특수인지 반대편 쪽에서도 할머니 한 분이 유모차에 박스를 싣고 간다. 사는 일이 축제는 분명 아닌 것 같기도 하여 나는 멍하니 노인들이 끄는 바퀴를 바라보고 있었다. 새벽이면 오토바이를 타고 신문을 배달했던 아버지가 떠올랐다. 한 푼이라도 벌어 어린 자식들 챙겼던 내 아버지나 저 노인이나 진배없는 것 같기도 하여 나는 차 한 잔을 챙겼다.

구석의 박스를 얼추 다 실은 할아버지의 리어카 바퀴가 다시 움직인다. 마침 내가 있는 시화전 부스 옆으로 다가오는 할아버지. 나는 손에 든 찻잔을 내려놓고 슬그머니 박스를 부스 밖으로 밀어 놓았다. 내 아버지처럼 깡마른 어깨에서 금방이라도 삐걱거리는 소리가 날 것 같다. 그런 내 시선은 아랑곳하지 않으며 박스의 테이프를 뜯어 납작하게 접는다. 가끔 하늘을 향해 허리를 펴보지만 살아낸 세월의 무게 때문인지 굽은 허리가 잘 펴지지 않는다. 이때다 싶어 나는 조심스럽게 할아버지 앞에 절편 두 조각과 찻잔을 내밀었다. 깡마른 얼굴이지만 나를 바라보는 횅한 눈에는 어떤 의지 같은 게 보였다. 고맙다는 말을 하며 받아든 노인의 손은 여기저기 갈라져 있었다. 마음이 편치 않아 의자를 가져가려는데 아까 얼핏 보았던 수빈이가 노인과 내가 있는 부스 쪽으로 다가오고 있었다. 체크무늬의 교복 차림으로 미루어 중학교에 갓 입학한 것 같았다. 모른 채하고 스쳐 지나간 게 미안해서일 거라 생각한 나는 미리 나서며 반갑게 맞았다. 수빈이 역시 반갑게 인사를 하는 얼굴이 초등학교 때보다 밝았다. 부스 안으로 들어가자는 제안을 밀치고 수빈이가 노인을 반갑게 부른다. 무슨 영문인지 바라보고 있었다.

문득 수빈이가 초등학교 때 내 수업 중에 쓴 글이 떠올랐다. 수빈이는 주로 가족 이야기를 썼는데 그중에서도 할아버지에 대해 쓴 이야기를 잊을 수 없다. 친구들과 길거리를 가다가 폐지 줍는 할아버지를 보면 얼른 피해 숨었다는 이야기였다. 그런 날 저녁이면 할아버지에게 미안해서 다리도 더 주물러드리고 청소도 더 깨끗이 해놓았다는 이야기를 깨알처럼 고백한 수진이의 할아버지가 바로 찻잔을 들고 홀짝거리는 노인이다.

오늘 아무렇지도 않게 제 할아버지를 소개하는 수빈이 얼굴이 이팝꽃보다 더 환하다. 의자에 앉아 한참을 쉬다가 노인과 수빈이는 일어섰다. 할아버지가 끌고 손녀인 수빈이는 밀고 가는 수레. 시화전의 시 한 편이 멀어진다.

우화를 꿈꾸며

오전 10시.

복도 창으로 드는 볕이 엄마의 품 같다. 창을 투과해 이파리에 볕이 내리면 뒤편까지 아늑하다. 둥근 타원형으로 크지도 작지도 않은 이파리는 이불이 되기도 하고 먹이가 되기도 한다. 애써 이동할 필요도 눈치를 볼 필요도 없다. 알에서 나와 본능처럼 알껍데기를 갉아 먹어야 하듯 어쩔 수 없이 그것을 먹어야 하는 내 삶은 이곳으로부터 시작되었다. 말하자면 이곳은 내가 태어난 쌈터 같은 곳이다.

어떤 연유로 빌딩 복도에 있는 화분에서 태어났을까. 누구나 태어나는 장소와 시간을 자신이 정할 수는 없듯 나 역시 그러했을 터, 흙수저든 금수저든 받아들여야 하는 생. 처음 한동안은 이파리 뒤에서 긴장을 늦추지 않았다. 물가에 내놓은 것마냥 노심초사하는 엄마의 마음을 안다는 듯 나는 될 수 있는 한 나뭇잎 뒤에서만 조용히 잎을 갉아 먹었다.

시간이 흐르면서 나는 먹는 양이 늘었다. 먹어도 먹은 것 같지 않았다. 배고픔으로 고치를 지어야 할 때가 다가왔음을 알 수 있었다. 그것은 누가 가르쳐주지 않아도 알 수 있는 본능이었다. 오늘 아침엔 평소보다 더 많은 이파리를 갉아먹었는데도 유난히 허기가 몰려왔다.

정신없이 먹고 있을 때였다. 누군가 나를 향해 걸어오고 있었다. 잎 뒤로 숨으려던 나는 화분 속 나뭇잎이 성기다는 것을 느꼈다. 이파리마다 내가 갉은 동그라미 속으로 천장이 보였고 김 과장의 모습도 보였다. 김 과장, 그녀의 손에는 작은 집게가 들려 있었다. 번개처럼 두려움이 스쳤다. 아무리 머리를 굴려도 그녀의 손아귀에서 빠져나갈 수는 없다. 기척을 미리 알았다고 해도 내 속도로는 그녀를 피할 수 없다. 그녀가 아끼는 화분을 망쳐놓았으니 나 역시 할 말은 없다. 하지만 배고픔처럼 정직한 것이 없기에 나로서도 어쩔 수 없었던 일이라고 위로했다. 그러면서도 나를 이곳에 슬어놓은 엄마를 원망하기도 했다.

철이 들면서 오래된 습속에 대해 순응했다. 엄마를 이해했다. 벌레를 싫어하는 사람들의 습성 또한 알게 되었다. 물론 모든 사람들이 그런 것은 아니었지만 대개가 그랬다. 어린아이들은 유독 호기심으로 바라보기도 했다. 어떤 아이는 손으로 만지기까지 하면서 신기해했다. 그 아이에게 나는 징그럽거나 혐오의 대상이 아니었다.

처음 그녀를 보았을 때 동글동글한 얼굴에 눈이 큰 편이어서 어딘지 유한 성격일 것 같았다. 하지만 나를 발견한 그녀의 눈은 냉랭했다. 쳐다보기조차 싫다는 듯 집게를 들이밀었다. 새의 부리 같은 집게가 내 숨통을 조여 왔다.

이렇게 죽는 건가. 한 번쯤 날아봐야 하는데…. 그러나 어쩌랴. 이럴 땐 체념이 오히려 약이 되기도 한다. 그 순간 그녀가 나를 던지듯 제자리에 놓았다. 내가 불쌍해서가 아니라 전화벨 소리에 급히 사무실로 달려간 것이다. 안도감에 길게 숨을 내쉬었다.

이제 저 여자를 떠나 어디로든 가야 한다는 것을 알면서도 꼼짝할 수 없었다. 벗어나려 하면 할수록 가위눌린 것처럼 꼼짝할 수가 없었다. 더군다나 집게에 눌렸던 허리로는 움직일 수 없었다. 그녀가 무슨 일을 하는지 한동안 조용했다. 긴장이 풀린 탓인지 졸음이 몰려왔다. 얼마나 시간이 흘렀을까. 아가, 어서 고치를 지어야지. 환청처럼 엄마의 목소리가 들려왔다. 그리곤 그녀가 다시 나타났다. 전보다 더 세심하게 여기저기를 살폈다. 나를 발견한 그녀가 손으로 나를 잡았다. 그리곤 바닥에 내던졌다. 신발 바닥이 나를 덮쳐 왔다. 어두웠다.

오후 2시.
점심을 먹은 후 책상에 엎드린 채 잠들었다. 김 과장이 벌레의 꿈을 흔들어 깨운다. 나는 순간 벌레에서 사람으로 돌아온다. 카프카의《변신》에서 벌레로 변한 주인공 '그레고르 잠자'가 측은지심으로 나를 바라보는 것 같다.

그 기억은 사진 속에 인화되듯

전공서를 비롯해 이런저런 유인물을 되는대로 욱여넣는다. 가방이 볼품없이 불룩해진다. 책의 무게 때문인지 공부해야 할 양 때문인지 가방을 멘 한쪽 어깨가 자꾸 처진다. 왁자하던 소리가 빠져나가고 두어 명 남은 복도 끝이 어둑하다. 걸음을 서두르는 동료들 틈에 끼어 밖으로 나온다.

주차장 둘레에 듬성듬성 서 있는 가로등에 비친 벚꽃이 환하다. 덩달아 무겁게 짓누르던 가방의 무게가 가벼워지는 것 같다. 조금 전 강의가 끝나갈 즈음부터 눈처럼 날리던 창밖, 벚꽃에 마음이 가 있었다.

집에서 중·고등학생 자녀 한둘은 기다리고 있을 법한 늦깎

이 대학원생들이지만 무거운 가방을 잠시 차에 던져놓고 너나없이 휴대전화 카메라에 캠퍼스의 봄을 담는다. 난분분 날리는 꽃잎에 고단함을 내려놓은 듯 한결 가벼워진 동료들 틈에서 나도 꽃잎처럼 사각의 프레임 안에 선다.

스무 해 전이었던가. 그날도 거리는 벚꽃이 환했었다. 벚꽃 야경을 즐기려는 사람들로 밤인지 낮인지 분간이 가지 않았다. 카메라 셔터 누르는 소리가 여기저기에서 들려오는 것을 뒤로 하고 서둘러 지하철역으로 향했다.

때마침 집 방향 열차가 들어오고 있었다. 미끄러지듯 스르르 밀고 들어오는 열차를 볼 때마다 구렁이를 연상하곤 하는 나의 버릇을 속으로 나무라면서 흘러내리는 가방을 추켜올렸다. 출입문을 알리는 노란 표시선 앞에 서자 이내 문이 열렸다. 군데군데 서서 가는 사람들이 있을 뿐 러시아워의 콩나물시루 같지는 않아서 그나마 다행이라 생각하며 안으로 들어갔다. 출입문 옆 선반에 가방을 올려놓고 의자 옆 손잡이에 기대고 섰다.

얼마쯤 갔을까, 무료함에 주머니 안에서 문고판을 꺼냈다. 자정이 가까워진 경인선 열차엔 늦은 귀가를 서두르는 학생들, 샐러리맨들이 대부분이기에 환승보다는 종착역 부근까지 가는 경우가 많았다.

종착역이 가까워지면서 객차 안은 횡해지기 시작했다. 늘 그렇지만 전철에 마지막까지 남은 몇몇의 사람들은 남겨진 자리에 앉아 맞은편 어두운 창가에 시선을 두곤 했다. 이윽고 종착역을 알리는 방송이 느슨해진 속도와 함께 들려왔다. 긴 한숨을 내쉬며 내리는 사람, 봇짐을 둘러메고 내리는 사람, 그들 틈에 끼어 내리다가 문득 허전한 마음이 들어 돌아섰다. 선반을 올려다보았다. 가방이 보이지 않았다. 다른 곳에 두었나 싶어 다시 살폈다. 선반은 텅 비어 있었다. 머리가 하얘졌다. 안절부절못하는 내 모습을 바라보던 나이 지긋한 사람이 다가왔다.

"가방을 잃어버렸나요? 어서 분실물 센터에 신고하세요."

단 두 마디의 말이었지만 이처럼 따뜻한 때가 있었던가, 고맙다는 말을 할 겨를도 없이 그가 알려준 분실물 센터로 향했다. 자취방 열쇠도 지갑도 모두 가방 속에 들어 있었다. 신고는 했으나 막막했다. 우선 집에 가서 기다리라는 역무원의 말에 무의식적으로 주머니를 뒤졌다. 동전 몇 개가 잡혔다. 공중전화 부스를 찾았다. 친구의 번호가 잘 눌러지지 않았다. 몇 번을 다시 누르고서야 신호음이 들렸다. 잠이 든 것인지 전화를 받지 않았다. 수화기를 내려놓으려는데, 친구의 목소리가 들려왔다.

친구에게 신세를 지고 다음 날 아침, 열쇠 집에 연락해 문을 열었다. 자취방에 들어섰을 때 앉은뱅이책상 위엔 읽다 만 책이 적막을 뒤집어쓴 채로 엎어져 있었다. 하룻밤이었는데 오랜 여행에서 돌아온 것처럼 낯설었다. 늦은 시간을 마다하지 않고 달려와 준 친구도 고맙지만 따듯함으로 맞아 주고 기꺼이 잠자리를 내어 준 가족들의 기억 때문에 더 그런 것 같았다. 당황과 외로움을 상쇄시켜준 그날, 그 기억은 사진 속에 인화되듯 해마다 벚꽃을 보면 떠오르곤 한다.

순간을 비켜서다

 해가 기울고 있다. 자치센터 문해반 강의를 끝내고 수고했다는 인사를 끝으로 주섬주섬 가방을 챙긴다. 수업 시간 내내 눈동자가 빛났던 주름진 얼굴들, 한 글자라도 더 배우고 싶은 마음은 늘 끝나는 시간을 아쉬워한다. 그래서일까 의자에서 얼른 엉덩이를 떼지 못한다.
 시간을 묶어 놓고 싶다는 칠순 할매의 넋두리가 두런거리며 나를 따라나서는 것 같다. 어둠이 내리기 전의 스산함이 묻어 나오고 있는 주차장, 서둘러 시동을 걸고 엑셀을 밟는다. 시간도 필요에 따라 쓸 만큼 쓰고 여며 두었다가 또 꺼내 쓸 수 있다면 할매의 시간은 더 길어질 수 있을 테고 나는 시간에 쫓기지 않을지도 모른다.

　동진강 다리를 지나자 저녁놀이 백미러로 들어온다. 강물 위로 노을이 튄다. 물은 아득한 시원부터 흐르고 흐르면서 지구별의 생명을 키워왔다. 생명들은 먹고 먹히는 과정에서 서로에게 창을 겨누기도 하고 창을 받아들이기도 한다. 먹는 자도 먹히는 자도 피를 흘린다. 그 피를 씻어주는 물. 스스로 지혜로워 억지를 부리지 않는다. 장애물이 있으면 돌아가고 비껴갈 줄 안다.

　서둘러 생각의 줄기를 돌린다. 수강 시작 전에 도착할 수 있을까. 서두르면 가능할지도 모른다는 생각에 주행차선에서 추월차선으로 옮겨 탄다. 속도를 내어 다른 차들을 추월한다. 그렇게 한참을 달리는데 저 앞 사거리 신호등이 빨간색으로 바뀐다. 급히 브레이크를 밟는다. 조금 전에 추월했던 차량들이 내 뒤로 와 멈춘다.

　꼬리를 물고 늘어서는 차들. 마음이 더 쫓긴다. 옆 차선의 운전자가 좌우를 살피는가 싶더니 급기야 신호를 무시하고 출발한다. 순간 나도 중립에 두었던 기어를 만지작거린다.

　신호를 받고 출발한다. 얼마쯤 가다 보니 뒤쪽에서 경보음을 울리며 구급차가 달려간다. 레커차도 속도를 낸다. 비상등을 켜고 서행하는 차들 사이로 경찰차가 서 있고 도로를 이탈한 트럭과 찌그러진 검은 색 승용차가 보인다. 방금 전 옆 차선에서 급히 가던 차였다. 천천히 사고 장소를 벗어난다.

이미 지체되어 수강 전에 당도하기는 어려울 것 같다. 조바심에서 풀려나니 갈대가 눈에 들어온다. 바람과 어우러진 갈대의 춤사위가 붉다. 저만치 추수를 마친 논에서는 떼까마귀 철새들이 일제히 날아오른다. 자유로움이다. 서로에게 날 수 있는 공간을 내주는 저들.

산업도로로 접어든다. 대형트럭과 트레일러 등 다양한 차들이 빠르게 달리는 도로. 처음 이 도로를 만났을 땐 설렘이 아니라 두려움이었다. 집에서 가까운 시장에 다녀오는 게 운전경력의 전부였던 내게 이 도로는 밀림과도 같았다. 대형차가 속력을 내어 빠르게 지나가면 내 차가 흔들리고 머리카락이 쭈뼛했다. 등에서 식은땀이 흐르고 손바닥엔 땀이 흥건해 미끈거렸다. 온 신경이 핸들을 잡은 손과 엑셀을 밟은 발에 몰려 있었다.

그러나 사람도 사물도 자주 접하면 이물 없어지듯 도로와 나도 익숙해져 갔다. 어디만큼 가면 무엇이 있고 어떤 길이 기다리고 있다는 것을 알게 된 지금은 라디오에서 흘러나오는 이야기와 음악에 귀를 내 주기도 하고 풍경에 눈을 줄 수 있게 되었다.

얼마쯤 갔을까, 눈꺼풀이 무거워 오기 시작한다. 잠시 차를 세우고 눈을 붙이고 갈까 망설인다. 갓길도 마땅치 않아 잠을 쫓을 요량으로 콘솔박스를 뒤진다. 차계부 등 잡동사니들이

어지럽게 뒤섞여 있을 뿐 잠을 쫓을 만한 것은 보이지 않는다. 어쩔 수 없이 그대로 달린다. 라디오에서 흐르던 이문세의 '알 수 없는 인생'이 점점 늘어진다. 가 물 가 물 흐 른 다.

  번쩍, 눈을 떴다. 회색 가드레일과 충돌하기 일보 직전이다. 재빠르게 핸들을 꺾었다. 제 차로에 들어서서 속도계를 본다. 백 킬로미터를 훌쩍 넘어 있다. 핸들을 잡은 손이 후들거린다. 멀리 대형 트럭 한 대가 쌍라이트를 켜고 빠른 속도로 달려오는 모습이 후사경에 비친다.

눈물의 반란

점점 흐릿해진다. 세월이 시위라도 하듯 글자를 이중 삼중으로 겹쳐놓는다. 이럴 땐 눈이 시키는 대로 하는 수밖에 없다. 마저 읽으려던 욕심을 거두고 읽던 페이지 그대로 책상 위에 엎어놓는다. 눈을 감고 눈동자를 전후좌우로 굴린다. 뻑뻑함이 다소 누그러든 안구에 인공눈물 한 방울을 떨어트린다.

언제부턴가 눈이 뻑뻑해지기 시작했다. 그때마다 일시적인 현상이려니 하며 자연스레 눅잦히길 바랐으나 맘과 같지 않았다. 급기야 각막에 핏발이 섰다. 깜박거릴 때마다 느껴지는 이물감은 차치하고 핏발 선 눈으로 강의를 할 수 없었다. 서둘러 안과로 향했던 게 이태 전이었다.

피로에 의한 것일 거라 생각하며 기다리는 내게 의사는 노안으로 인한 것이라며 대수롭지 않게 말했다. 지천명을 넘어서까지 눈물이 마르기는커녕 때론 무람없을 정도였기에 안구건조증이라는 말이 선뜻 와닿지 않았다. 물 위에 뜬 기름 같은 말을 던진 의사는 불편할 때마다 인공누액을 투약하라는 말과 함께 눈을 자주 깜박여주라는 말을 파스처럼 덧붙였다. 더 자세한 설명은 필요 없다는 듯 다음 환자의 차트를 살폈다.

약사에게 처방전을 건네고 약이 나오길 기다리는 동안 안구건조증을 검색했다. 의사가 무심하게 던진 말대로 내 눈은 눈물의 양이 너무 많거나 부족해서 생긴 노안이 문제였다. 결막과 각막이 두꺼워진 뻑뻑한 상태를 무시하고 혹사시킨 게 화근이었다.

어쨌거나 그 이후부터 인공눈물인 하메론을 곁에 두고 산다. 더군다나 코로나19 발생 이후로 집안에 갇히다시피 하면서부터는 활자와 대면하는 시간이 고무줄 늘어나듯 늘어나 인공누액에 의존하는 날이 많아졌다. 손만 뻗으면 닿을 곳에 하메론을 두고 생활한 지도 꽤 지났건만 여전히 인공눈물을 투여할 때마다 왠지 낯설다. 내 안 어딘가에 고여 있는 슬픔의 눈물도 사라졌을까.

잠시 쉴 요량으로 베란다로 향한다. 창밖은 완연한 봄이다. 예년 같으면 북적였을 거리가 쥐 죽은 듯 고요하다. 숨죽은 시간 사이로 꽃들은 저들대로 환하다. 건너편 화단에 줄지어 심어놓은 노란 수선화가 눈에 든다. 미소년 나르키소스와 관련된 신화를 연상케 하듯 꽃대 위의 꽃들은 가는잎할미꽃처럼 허리를 구부린 형상이다. 마치 나르키소스가 호수에 비친 자신을 바라보는 것 같다. 때마침 이는 바람에 봄이 일렁인다. 꽃을 보며 잠시나마 코로나 블루의 시간을 잊는다.

눈의 빡빡함이 어느 정도 순해졌다. 다시 의자에 몸을 의탁하고 앉는다. 엎어 놓은 책의 표지를 장식하고 있는 T. S. 엘리엇의 예리한 시선이 한 곳을 응시하고 있다. 그의 시간을 호명하듯 읽던 부분을 다시 펼친다. "… 잠든 뿌리를 봄비로 깨운다./ 겨울은 오히려 따뜻했다." 그의 장시長詩《황무지》제1부〈죽은 자의 매장〉앞부분에 나오는 구절이다. 제1차 세계 대전으로 인해 황폐화된 그 시대를 황무지로 상징한 엘리엇은 구태의연 시각으로 대상을 바라보지 않는다. 그래선지 사월을 "가장 잔인한 달"로 비유한다. 차라리 겨울은 봄을 잉태하고 있으므로 더 따뜻하다는 역설에 시선이 오래 머문다. 문득 엘리엇의 표현에 어젯밤 보았던 뉴스의 한 장면이 겹쳐진다.

기자가 방문한 곳은 코로나19 감염자들의 사후를 감당하고 있는 화장장이었다. 바이러스에 감염된 어머니의 임종을 지킬 수 없었다며 한 여자가 바닥에 주저앉아 울고 있었다. 자신의 어머니가 비닐에 둘둘 말린 균체일 뿐 인간으로 취급되지 않앉다며 말을 잇지 못하던 그녀의 절규에 엘리엇이 말한 역설적 상황은 누구 하나에 국한된 것이 아니라는 생각이 스쳤다. 감염자 가족들이 고인의 유골이나마 볼 수 있는 시간은 화장장 입구에서 단 몇 초뿐이라던 기자의 말이 지금까지도 곁을 떠나지 않는다. 당연시 여겼던 애도조차 허용되지 않는 코로나 시대, 황무지나 다름없다. 폐허의 안구에 눈물 한 방울 떨어뜨려 주고 싶다.

　우울감이 스며들 때마다 책을 든다. 덩달아 인공누액을 찾는 횟수도 더 잦아졌다. 인공일지언정 내 눈을 있게 하는 눈물. 사유의 이면에 존재할 유크로니아 같은 시간을 소망하며 내 사유의 안구에도 한 방울 투여한다, 뻑뻑한 이 시대에도.

고소한 고민

 바람이 분다. 쇼윈도 너머, 허름한 행색의 할머니 한 분이 유모차를 밀며 오다 서다 반복한다. 힘겹게 허리를 펴더니 손잡이에 몸을 의지한 채 한동안 서 있다. 유모차의 바구니 안에는 몇 가지의 곡식들이 삼월의 햇살과 함께 담겨 있는 듯하다.
 이내 무게에 짓눌린 유모차의 바퀴가 천천히 시장 골목을 끌어온다. 신발가게 안에 있는 나와 할머니의 눈이 마주친다. 가까이서 본 할머니는 이빨이 없는지 주름진 턱을 연신 합죽거린다.
 "어떤 신발을 찾으세요?" 쇼윈도 너머 할머니를 멍하니 바라보고 있는 내게 신발가게 주인이 묻는다. 유모차에 생을 의지

한 채 서 있는 할머니에게서 눈을 뗀다.

 기숙학교에 들어간 아들이 실습 시간에 신을 안전화를 사야 한다며 문자를 보내왔었는데 잊고 지내다가 오늘에야 시장 안 가게에 들른 참이다. 인터넷 쇼핑몰은 배송 시간 때문에 늦을 것 같아 시장에 들른 것인데 시장의 굽은 길을 끄는 할머니의 걸음에 자꾸만 눈이 간다.

 가게 주인에게 안전화를 찾아달라는 말을 하고 다시 시선은 유리창 너머를 향한다. 할머니는 길가 노점 옆에 유모차를 세우고 정성스럽게 곡물을 내려놓는다. 손관절염이라도 앓고 있는지 콩이며 참깨를 내려놓는 손이 뻣뻣하다.

 할머니의 등허리에도 서리태 위에도 내려앉은 햇살을 헤집으며 지나가던 한 아주머니가 다가간다. 할머니가 그 사람에게 무엇인가를 설명하는 것 같은데 손사래를 치며 그냥 지나간다. 깔고 앉은 찬바람 위에 할머니의 머쓱한 표정이 얹힌다. 시기적으로 참깨와 콩은 늦여름에서 가을까지가 성수기이거늘 저 할머니의 곡물은 계절을 잊은 듯하다.

 노상에 놓인 할머니의 굽은 시간이 팔리길 기다리고 있지만 쉬이 팔릴 것 같지 않다. 한참 동안을 앉아 있던 할머니가 주섬주섬 곡식을 다시 유모차에 싣는다. 나는 신발값을 계산하면서도 팔순은 족히 넘어 보이는 할머니에게서 눈을 뗄 수가 없었다.

문득 수년 전 돌아가신 어머니가 떠올랐다. 참깨를 타작하는 어머니를 도와드리던 날이었다. 경험이 없는 나는 세게 두드리면 빨리 털어질까 싶어 힘을 주어 깻단을 두드렸었다. 그런 나를 바라보던 어머니는 차분한 어조로 살다 보면 힘주어서 해야 할 일이 있고 살살 다루어야 할 일이 있다며 깨가 멍석 밖으로 튀어 나가지 않게 터는 법을 알려주었다. 더하여 작은 것이 모여 고소함을 이루는 이치를 들려주셨다.

할머니가 느린 동작으로 유모차를 신발집 앞에 세우고 문을 민다. 곡물을 팔아달라는 말을 꺼내기도 전에 신발집 주인은 귀찮다는 듯 손사래를 친다. 신발가게 주인의 짜증을 못 들은 척 가게 안으로 들어온 할머니가 반쯤 접힌 허리를 힘들게 세우더니 덥석 내 손을 잡아 밖으로 끈다. 뭉툭한 손이 어머니 같았다.

밖으로 나온 할머니는 유모차 안에 있는 참깨와 서리태를 보여주었다. 당신이 농사지은 것이라며 싸게 줄 테니 모두 가져가라 한다. 마침 밥에 넣어 먹을 서리태가 필요해서 한 됫박 남짓을 샀다. 돈을 지불하기도 전에 할머니는 애원하듯이 참깨도 마저 팔아달라고 통사정을 하였다. 나는 할머니의 곱은 목소리를 차마 떨치지 못했다. 돌아가신 어머니가 생각나기도 했지만 참기름을 짜서 구리에 사는 동생네와 나누어 먹을 요량으로 3킬로그램 정도의 참깨를 모두 샀다. 그때서야 할머니는 유모차를 가볍게 밀며 시장 골목을 빠져나갔다.

　서둘러 인근 기름집에 들어갔다. 국산 참깨라는 말에 한 방울이라도 지키려 기름이 병에 담겨지기를 기다리며 서 있었다. 그런 내 모습을 바라보던 기름집 주인은 다른 볼일 있으면 보고 오라며 밖으로 밀어냈다. 그럴수록 나는 국산 참기름과 중국산 참기름을 바꿔치기한다는 동네 어른들의 말을 떠올리며 다리에 힘을 주었다. 문득 기름집 주인이 통명스럽게 물었다.

　"참깨, 어디서 샀수?"

　길 건너 할머니가 농사지은 것을 샀다며 나는 기를 세웠다. 그런 내 위세를 조롱이라도 하듯 주인은 중국산이라며 입을 삐쭉거렸다. 그럴 리가 없었다. 아닐 거라는 내 말을 한 번 더 숨죽이려는 듯 중국산이 아니면 손에 장을 지지겠다는 기름집 주인의 말에 은근 화가 났다. 국산이라며 믿고 사라던 할머니의 목소리가 귓가에서 채 가시지도 않았는데 중국산 참깨라니. 서리태마저 의심스러웠다. 원망스러운 마음을 누르며 참기름에 코를 가까이 가져갔다. 중국산과 국산의 가름을 알 턱이 없는 나로서는 난감했다. 어쨌거나 병 속으로 떨어지는 참기름에서는 고소한 냄새가 났다.

　참깨에서 고소한 맛이 나면 그만인 것을, 중국산이면 어떻고 국산이면 어떠랴. 나는 살아오며 출처에 상관없는 참깨처럼 고소한 맛을 낸 적이 있었던가. 어찌 보면 중국산 참깨만도 못한 나일 것인데 그 출생을 탓해 무엇 하랴.

참기름 냄새가 봄바람을 타고 시장 골목에 번진다. 모두 사람 사는 일이라 생각하니 조금은 편안해졌다. 더불어 참깨에서 쓴맛이 나는 것도 짠맛이 나는 것도 아니거늘, 나 또한 나를 속이며 산 것이 수없는 날이고 보면 탓할 일도 아닌 듯싶었다.

혹시라도 동생이 이 참기름을 택배로 받은 후 국산인지 중국산인지 물어오면 무어라 대답해야 할지 고소한 고민이 기름집에 가득한 날이다.

꿈꾸는 장미

덩굴장미 한창이다. 봄날의 동백과는 다른 붉은빛이 자못 매혹적이다. 저녁 어스름의 희미한 가등 불빛과 어우러져서인지 담장에 핀 장미가 사뭇 고고하기까지 하다. 꾸물대느라 약속 시간보다 늦었음에도 장미의 붉음에 걸음이 기울어진다.

제법 너른 정원을 지나 식당에 든다. 한옥을 개조해 만든 식당 안은 고풍스러운 분위기다. 테이블마다 손님들이 앉아 담소를 나누고 그들 사이로 작은 꽃무늬 앞치마를 두른 아가씨가 분주하게 움직이고 있다. 아가씨의 표정이 초입에서 보았던 장미처럼 밝아서인지 나도 덩달아 환해진다. 아가씨의 안내를 받아 예약석으로 가자 먼저 와 있던 일행들이 반긴다.

주문한 음식을 기다리는 동안 이런저런 이야기꽃이 핀다. 그 사이 예의 그 아가씨가 테이블에 반찬을 놓는데 팔 안쪽에 새긴 레터링 타투가 보인다. 푸른 빛이 감도는 흘림체 글귀에 문득 한 여인이 떠오른다.

그러니까 그 여인의 장미 타투를 보기 전의 타투에 대한 내 인식은 통각을 넘어 파충류의 스멀거림 같은 혐오감이 먼저였다. 그런 내 감각을 무르춤히 변화시킨 그녀를 처음 본 건 몇 해 전 수영장에서였다. 관절에 좋은 운동으로 수영을 권유한 의사의 말을 핑계 삼아 인근 수영장에 등록하던 첫날, 탈의실에서였다. 픽이나 낯설어하는 내게 그녀가 먼저 다가와 친절하게 안내를 해주었다.

그녀에게 끌리게 된 것은 그렇듯 친절한 성품과 가녀린 체구에 대한 동경이기도 했지만 쇄골을 따라 어깨뼈 뒷부분에 새긴 푸른 장미 타투에 대한 인상이 무엇보다 강했기 때문이었다. 중년의 나이를 무색하게 할 정도로 맑은 피부에 새긴 문양은 호기심을 넘어 나도 한번 해보고 싶다는 충동을 일게 했다. 그녀의 얼굴도 장미꽃 같은 이미지인데 거기에 또 하나의 꽃이 그려져 있다니. 그녀의 걸음걸이에서 설핏 나비의 날갯짓이 비치기도 했다. 간혹 그녀가 옆 레인에서 자유형이라도 할라치면 장미는 더 생생해지곤 했다. 수영장에 막 발을 들여놓은 나로서는 물을 가르며 앞으로 나아가는 그녀의 모습도 새로웠지만 물 속에 핀 장미를 본다는 것, 그것도 움직이는 장미는 황홀경 같은 것이었다.

주문한 요리가 나오고 음식을 먹으면서도 그녀의 타투에 대한 생각이 이어졌다. 그녀의 몸에 새겨진 장미는 어떤 사랑의 상징이었을까. 혹은 미에 대한 욕망의 투영이었을까. 대충 허기를 면한 나는 휴대폰 검색창에 타투를 입력한다. 다양한 문양을 새긴 사람들의 사진이 휴대폰 액정을 메운다. 어떤 이는 의미를 직접 새겨 넣었고 어떤 이는 배면에 감추고 있다. 나는 아무래도 후자에 눈이 간다.

살갗을 바늘로 찔러 먹물이나 물감을 주입해 원하는 글씨나 문양을 피부에 새기는 타투, 문신이라고도 하는 그것은 옛날에는 주술의 의도가 강했고 언젠가부터는 주먹 좀 쓰는 남자들의 전유물이기도 했으나 지금은 사랑의 맹세나 치레의 기능으로 변했다. 자신의 몸에 상처를 새김으로써 어떤 욕구를 드러내는 가학적 자기표현의 한 양식인 문신을 푸코는 인간의 몸에 새기는 몸의 유토피아라고 했다. 푸코의 말이 아니라도 혐오스럽게만 생각했던 타투에 대한 인식이 그녀로 인해 변한 것 같다.

사진을 한 장씩 넘기다 보니 파란 나비 타투가 시선을 끈다. 날갯짓을 포착한 문양에서 자유가 얼비치는 듯하다. 내 몸 어딘가에 저 나비 문양을 새겨 나도 나풀나풀 날아가고 싶다.

꽃이나 나비 등의 문신은 경험이 있는 사람들이 시도하고 레터링이나 문양이 작은 것들은 처음 하는 사람이 주로 한다는 설명이 눈에 띈다. 상상만으로도 내 몸에 이상향이 하나 생긴 것 같아 영화 속 여느 몽상가처럼 흐르는 시간의 살갗에 장미 문양文樣 하나 새겨 본다.

맞은편에 앉아 있던 지인의 채근에 자리를 털고 일어선다. 일행의 꼬리를 따라 식당을 나서는데 서빙하는 아가씨가 밝게 인사를 한다. 저 아가씨의 레터링 타투도 몸에 새긴 유토피아일까. 어쩌면 타투는 인간의 이루지 못한 꿈의 발현이거나 결핍의 다른 표현일 수도 있겠다. 그렇든 저렇든 육덕진 내 몸에 장미 문양을 새긴다면 장미에 숨겨진 상상이 훼손될 것 같다.

돌아오는 길, 가등 속에 핀 장미가 더 화려하다.

촐촐한 밥상

 문을 밀고 들어서려는데 전화벨이 울린다. 만나기로 한 지인으로부터 차가 막힌다는 연락이다. 출입문이 마주보이는 자리에 앉아 기다리기로 한다. 점심때가 지나서인지 식당은 한산하다. 안쪽으로 두 사람이 마주앉아 있을 뿐이다. 주방 안쪽에서는 설거지를 하는지 그릇 부딪는 소리와 두런두런 이야기 소리가 섞이기도 하고 번갈아 새어 나오기도 한다.
 간혹 벽에 걸린 시계 초침 소리가 정적을 만들어 놓는다. 시계 소리와 이따금 주방에서 들리는 소리를 비집고 출입문이 어렵게 열린다. 지팡이가 먼저 들어오더니 백발의 노인이 들어선다. 이렇게 문장으로 쓰고 보니 뭔가 어색하다. 문장의 기의일 뿐 이미지가 생략되었다. 기실 노인이 출입문을 밀고 들어서기까지 한참 걸렸다. 한 손으로는 지팡이를 짚고, 한 손으로 문을 미는데 밀어지지 않았다. 그때 내가 앉아 있는 쪽으로 물병과 컵을 들고 오던 식당 주인이 재바르게 다가가 문을 열어주었다.

주인의 부축을 손사래 친다. 지팡이가 앞서고 그 뒤로 한 발, 또 한 발, 한참 만에 식탁 앞에 앉는다. 굽이굽이 언덕길이라도 오른 것처럼 가쁜 숨을 몰아쉰다. 식탁 가상에 기댄 지팡이도 힘겨운 듯 기우뚱하다. 숨을 가다듬은 할아버지는 늘 먹던 대로 달라고 한다. 종종 그래왔는지 주문을 받는 주인도 알겠다는 시늉을 한다.

필시 혼자 사는 노인이겠거니 짐작해 보다가 아버지를 떠올린다. 아버지도 저 노인처럼 홀로 식탁에 앉은 세월이 길다. 자주 찾아뵙고 솜씨 없는 반찬이나마 만들어 드리지만 돌아올 때마다 마음이 편치 않았다.

'따뜻한 밥상'이라는 상호만큼이나 식당 분위기가 편안하다. 그래서 할아버지는 이 집에서 홀로 밥 먹는 일이 어색하지 않은지도 모르겠다. 할아버지의 식탁에 나물 반찬 몇 가지와 생선구이가 놓이는 걸 보고 있는데 헐레벌떡 지인이 문을 밀고 들어선다. 약속 시간에 늦은 것 때문인지 얼굴에 미안함이 묻어 있다. 그런 지인에게 물 한 잔을 건넨 후 메뉴판을 가리킨다. 생각해보지도 않고 생선구이밥상을 주문한다. 생선이 익으려면 족히 십여 분은 기다려야 한다. 그동안 이런저런 얘기를 하다가 얼추 아버지의 나이와 비슷해 보이는 노인의 밥상에 시선이 간다.

상당한 시간이 지났는데도 노인의 밥그릇에는 밥이 줄지 않고 그대로인 듯하다. 사이드 반찬으로 나온 된장국만 홀짝이고 있다. 생각 같아서는 앞에 앉아 생선을 발라 밥숟가락에 올려주고 싶다. 그런 내 생각을 알아서였을까, 들어올 때부터 도움을 물리친 노인이 힘겹게 일어선다. 식탁 옆을 지키고 있던 지팡이가 할아버지의 걸음을 부축한다.

불안한 내 시선을 의식했음인지 식탁을 치우던 주인은 할아버지가 간혹 늦은 점심을 먹으러 온다며 설명을 덧붙인다. 처음엔 혼자 먹는 밥이 서먹했던지 안으로 들어서지 못했단다.

고등어구이가 우리의 식탁에 차려진다. 먹는 내내 노인의 지팡이가 떠오르고 아버지가 떠오른다. 잘 익은 고등어 살점이 입 안에서 맴돌 뿐 삼켜지지 않는다. 먹는 둥 마는 둥 지인과 헤어지고 아버지의 집으로 방향을 잡는다. 요즘 들어 바쁘다는 핑계로 자주 찾아뵙지 못한 마음에 서두른다. 시동을 걸자마자 라디오에서 가라앉은 목소리가 흘러나온다.

"요즘 혼자 밥 먹는 사람들이 늘어난다고 합니다. 가을이 깊어가듯 고독이 점점 더 짙어가는 듯합니다."

어느 장례지도사와의 대담인 듯했다. 주제는 고독사에 관한 이야기였다. 우울한 이야기들이 꼬리를 물고 이어지다 아나운서는 '비탈리의 샤콘느' 바이올린곡을 들고 다시 오겠다며 사라진다. 잠시 슬픈 바이올린 선율이 이어진다. 선율은 비유적이라기보다는 다소 직설적으로 슬픔을 표현한다. 바이올린곡을 들으며 아버지의 집 앞 공터 고목나무 아래 차를 세운다. 바이올린 선율도 멈추고 다시 아나운서의 목소리가 흘러나온다.

"존재는 외로움을 안고 태어난다지요. 고독사하는 사람들이 늘어나고 있어 안타깝습니다. 아무래도 미래의 화두는 마음 나누기가 아닐까요."

시동을 끈다. 이내 두 사람의 목소리가 차 안에서 사라진다. 하지만 내 마음속에서는 아버지에 대한 미안함이 사라지지 않는다. '아버지'를 부르며 현관문을 민다.

민들레

　주차장 담장 아래에 쓰레기가 수북하다. 아무리 후미진 곳이라 하더라도 병원 관리자가 보지 못했을 리 만무한데 우유팩이며 플라스틱 병들이 여기저기 굴러다닌다. 개인병원과 다른 건물이 마주하고 있어서 수거를 서로 미루기 때문인지 용기에 남아 있는 내용물이 부패하여 냄새가 코를 찌른다. 마스크의 코 부분을 다시 고정해도 스며든다. 쓰레기들 틈에서 민들레는 소리 없이 꽃대를 밀어 올리고 있다.
　유리문을 밀고 들어서자 접수 번호표를 들고 순서를 기다리는 사람들로 혼잡하다. 한참 만에 접수원 앞에 서자 예약 환자가 밀려 있다고 한다. 갑작스런 통증에 이끌려오느라 예약을 못 했기에 생각보다 대기 시간이 길어질 것 같다.

   진료실 앞 대기 의자엔 사람들이 간격을 두고 앉아 있다. 옛날 같으면 자판기의 음료나 믹스 커피를 뽑아 마시고 있을 텐데 지금은 마스크를 실내에서 해제할 수 없어서 휴대폰만을 들여다보고 있다. 나 역시 휴대폰을 주머니에서 꺼낸다. 맞은편 자판기에 음료가 가득하지만 아무도 그 앞에 서 있지 않다. 그 옆 쓰레기통도 제 구실을 하지 못하고 텅텅 비었다. 옛날에는 여기저기 할 것 없이 가는 곳마다 자판기 옆 쓰레기통엔 언제나 종이컵이며 깡통이 뒤섞여 있었다. 지금이야 그렇지 않지만 내가 그동안 습관처럼 커피를 마시고 버린 종이컵과 캔은 얼마나 될지 헤아려본다.

   요즘은 쓰레기통을 종류별로 비치해 분리수거에 대한 인식이 자리 잡아가고 있다. 이는 강제보다도 홍보를 통한 인식의 변화에 기인한 결과로 보인다. 이처럼 관련한 강의 홍보 포스터가 관공서를 비롯 아파트에도 종종 걸리곤 한다.

   나 역시 환경에 대한 홍보도 하고 강의도 한다. 특히 설거지할 때는 세제를 사용하지 않고 식초와 베이킹소다를 섞어서 한다. 자연은 나만의 문제가 아니라 후손의 문제일뿐더러 인류의 문제이기 때문이다.

   초등학생 대상 환경과 글쓰기를 연계한 프로그램을 시작한 것은 코로나바이러스가 발생하던 해였다. 시기가 시기인지라 환경 관련 주제는 학생들에게 적지 않은 자극을 주는 듯했다. 지구가 인간에게 말하는 방식인 박혜선의 환경 동시를 읽은 날엔 지구에게 미안하다는 편지를 썼고, 바다에 버려진 플라스틱 쓰레기를 먹고 죽은 알바트로스 다큐멘터리 영상을 보여주었을 땐 충격을 받은 듯 교실이 조용했다. 미안한 마음이 원고지 한 칸 한 칸을 메웠다. 어떤 학생은 자신이 새가 된 상황을 묘사했다. 플라스틱을 먹은 어미 알바트로스가 아기에게 플라스틱을 게워내 주는 장면을 그리며 다소 격앙된 감정을 토로하기도 했다. 수업 이후 학생들은 종이컵 대신 하늘색, 분홍색 등의 텀블러를 가방에서 꺼내기 시작했다.

맞은편 데스크 앞 간호사들이 진료 준비하느라 분주하다. 데스크 옆 다용도실인 듯한 곳에서 민트색 텀블러를 들고나오는 간호사가 눈에 띈다. '제로 플라스틱' 운동의 일환으로 카페에 컵을 되돌려주고 환경을 되살리자는 의미로 텀블러에 'turn'을 넣어 이름 붙인 '턴turn블러'라는 공유컵 제도에 관한 뉴스가 떠오른다. 그 제도에 참여한 어느 카페 사장은 5년이라는 시간이 흘렀음에도 이 운동에 참여하는 카페가 많지 않다며 목소리를 높였다.

남녀노소 가리지 않고 순서를 기다리며 앉아 있는 대기실, 그들의 병증엔 다양한 요인이 있겠으나 어쩌면 환경에 의한 것도 배제할 수 없으리라. 주기적으로 약을 받아 통증을 지우는 나처럼 지구도 치유될 수 있다면 얼마나 좋을까. 대기자 화면에 내 이름이 보인다.

    진료실에 들어서자 의사는 약을 먹고 어떠했는지 묻는다. 지구가 아픈 이유를 알 듯 내 병증 역시 원인을 알고 있기에 올 때마다 같은 물음이 반복된다. 환경의 중요성을 말하던 어느 환경운동가의 말처럼 반복되는 것이다. 의사는 혈액 검사 결과가 좋아져 전보다 낮은 수치의 약으로 처방한다며 미소를 건넨다. 돌아오는 길 쓰레기 더미에서 노랗게 핀 민들레가 애틋해 보인다.

벚꽃 흩날리듯

　꽃잎처럼 삼삼오오 카페로 향한다. 한산하던 카페 안이 우리의 주문 소리에 소란스러워진다. 매사 적극적인 그녀가 오늘도 주문을 담당하고 나선다. 취향 따라 주문되는 사이 하나둘 자리를 찾고 나서야 부유하던 소리들이 가라앉는다.

　주문을 마친 그녀가 당연하다는 듯 내 옆으로 다가앉는다. 언제부턴가 그녀는 내 옆자리에 앉기 시작했고 이제 자연스럽게 고정석이 되었다. 지방 교육지원청 협의회가 있을 때 혹은 특별한 용무가 생겼을 때 이렇게 카페에 마주앉거나 학생들에 관한 이야기로 통화를 하는 게 고작이었지만 어느샌가 가까워졌다.

까무잡잡한 피부의 그녀를 처음 만났을 때 다소 이국적인 이미지에 자유분방함이 느껴졌었다. 내심 부모 중 한 명이 외국인일 것이라는 생각도 한 적이 있다. 하지만 까무잡잡한 피부는 여행을 자주 가는 때문이었다. 그녀와 나의 공통 관심사는 여행을 좋아한다는 것인데, 이런저런 이유로 감행하지 못하는 나와 달리 그녀는 통장에 잔고가 어느 정도 쌓이면 여행을 떠난다. 때문에 그녀의 통장엔 잔고가 남아있질 않아 항상 '영'에 가깝다고 했다.

변경된 일정에 관한 협의를 마친 후 담소를 나누다 여행 이야기가 나오자 그녀의 얼굴에 화색이 돈다. 그녀는 여행에서 겪었던 후일담을 테이블 위에 펼쳐놓는다. 아이들의 이야기를 할 때보다 열정적이다. 카페를 맴도는 음악의 강약을 타며 그녀의 이야기가 술술 풀린다. 그녀가 다녀온 곳에 대한 이야기를 들으며 책 속의 장면이라든가 영화 속의 장면을 연상하는 재미가 쏠쏠하다. 오늘도 그녀의 이야기 너머로 엊그제 보았던 영화 속 그리스의 해변과 파리의 센 강변을 떠올리며 차를 홀짝인다.

내 상상을 가르며 엘리베이터 층수를 구별할 수 없어 난감했다는 얘기가 귀를 쫑긋하게 한다. 관심이 있던 터라 바짝 다가앉는다. 영국의 백화점에서 있었던 일이라며 문장에 방점이라도 찍는 것처럼 목소리가 진중해진다. 가고자 하는 층수를 누르고 올라가면 엉뚱한 곳이 나왔고, 몇 번을 그렇게 오르락내리락하다가 결국은 현지인의 도움을 받고서야 목적한 층에 갈 수 있었단다. 고정된 내 시선 때문인지 그녀의 이야기는 날개라도 단듯하다.

유럽의 엘리베이터는 '−2, −1, GF, 1F, 2F…'로 층수를 표기한단다. 우리나라로 하면 GF는 그라운드 플로어로 1층이고 1F가 2층, 2F가 3층인 셈이다. 심지어 프랑스의 엘리베이터는 그라운드 플로어에 로비, 레스토랑 등이 추가되기도 하는데, 그러면 1F로 표기된 층은 3층 혹은 4층이 되는 격이니 우리의 인식으로 버튼을 눌렀다가는 엉뚱한 층에 내릴 수 있단다.

엘리베이터 층에 관한 이야기가 잠시 멎는다. 갈증이라도 난 것인지 차를 한 모금 넘긴 뒤 이야기는 고풍스런 유럽의 거리로 이어진다. 그녀의 이야기에 기울어 있던 나는 문득 학생들의 각종 활동에 관한 수업 시수 표를 작성하다가 참석하지 않은 학생 이름 칸에 '0'이라 표기했던 게 생각난다. 흔히 무엇이 없다고 할 때 '0'이라고 표기하곤 하는데 나 역시 무의식적으로 기입한 것이다. 지금 내가 앉아 있는 이 자리도 조금 전까지만 해도 비어 있었을 것인데 좌석이 비어 있을 경우 우리는 '자리가 없다'라고 표현한다. 곰곰 생각해 보면 '0'은 아직 아닌(not yet)의 상태로 '없음(無)' 그 자체는 아닐 것이라는 생각이 이야기 속으로 스친다. 하면, '0'은 아직 도래하지 않음을 내포한 무한 공간이 아닐까라는 생각에 골똘해진다. 자신의 말에서 멀어진 듯한 내 상태를 확인했는지 그녀는 더 큰 목소리로 유럽의 풍경을 이어간다.

세계는 오랫동안 '0'이라는 숫자가 없이 생활해오다가 최초로 '0'이라는 숫자를 발견한 사람은 인도의 수학자이자 천문학자인 브라마굽타(《우주의 탄생》)다. 그는 '0'을 같은 두수를 뺄셈하면 얻어지는 수라고 정의하는데 그가 정의한 '0'과 음수의 개념은 이슬람과 유럽에 전해졌고 영향을 주었다. 재미있는 것은 '0'의 존재에 대한 인식은 동서양의 종교에서 차이가 난다는 것이다. 고대 그리스에서는 '0'의 존재를 인정하지 않았다. 아무것도 없는 상태로 진공상태인 '0'의 존재를 인정하면 신의 존재를 부정하는 무신론과 이어졌기 때문이다. 고대를 거쳐 중세 암흑기까지 이천 년이라는 시간이 흐른 후에야 '0'의 개념을 도입한 것이다. 반면 인도의 힌두교에서는 우주가 무에서 생겨났고 그 크기가 무한하다고 여겨 무의 개념과 무한을 성스럽게 여겼다. 이러한 종교적 배경에서 '0'의 발견이라는 성과가 나온 것일 터이다. 기실 기원전에도 '0'이라는 기호를 사용했지만 그 개념과 기능을 정확히 한 사람이 브라마굽타이기에 그를 최초의 발견자로 보는 것이기도 하다.

어쨌거나 엘리베이터의 그라운드 플로어인 '0'층은 이쪽과 저쪽을 연결해준다. 플러스와 마이너스의 세계는 물론 보이는 세계와 보이지 않는 세계를 연결해주는 사유의 지층으로 이분법적 의미를 넘어 유무의 경계를 무화시키는 것 같다. 그라운드 층의 유무가 세계 인식을 반영한다는 점에서 사소하지 않아 보인다. 그렇다면 엘리베이터의 '0'층인 그라운드 플로어는 천상도 지상도 아닌 틈과 같은 곳으로 어느 한 곳에 귀속하지 않는 자유로운 공간이겠다. 느슨한 듯 느슨하지 않게 여행과 삶의 이중주를 연주하며 삶을 조율해내는 그녀를 닮은 듯도 하다.

생각에 잠겨 있는 내 표정이 심상치 않아 보여서인지 아니면 자기의 이야기를 재미없어한다는 것을 알아서인지 칸 영화제를 끝으로 이야기가 멈춘다.

바람이 이는지 거리에 벚꽃 흩날린다. 숨 고르듯 창밖에 시선을 고정한 그녀에게 미안한 마음이 들어 다시 이야기를 들어줄 요량으로 말을 붙이려다가 멈춘다. 눈빛이 어느 여행지를 떠올리고 있는 것 같아서다. 유영하듯 허공을 떠다니는 꽃잎에 그녀의 표정이 겹쳐진다. 삶은 끝없는 여행과 같은 것일 터, 그녀의 다음 여행지는 어디일까.

제2부
기억은 책 속의 삽화처럼

Let It Go

맑은 음색이다. 앳된 소녀의 목소리가 지하 방공호를 가른다. 신문지를 깔거나 차가운 바닥에 모로 누워 있던 사람들이 하나둘 일어나 앉는다. 벽에 기대고 있던 슬픔의 그림자도 소녀의 'Let It Go'에 귀를 기울인다. 사람들의 반응에 힘을 얻은 듯 두려움에 떠는 것 같던 소녀의 목소리가 한층 높아진다.

러시아가 우크라이나를 침공한 이후 뉴스에선 공습으로 폐허가 된 도시의 모습이 텔레비전 화면을 메우는 요즘이다. 무너진 건물 속에서 부상자를 옮기는 모습들, 뼈대가 드러난 건물 뒤로 식료품을 사 들고 가는 사람들의 모습이 아닌 소녀의 노래가 희망을 불러낸다. 우크라이나의 상황을 보며 먼 나라의 일일 뿐이라고 치부할 수 없는 이유는 많다. 무엇보다 인간 내면의 문제가 떠올라 화면에서 놓여나지 못한다.

며칠 전 보았던 영화《콜드 마운틴》이 떠오른다. 미국 남북전쟁을 배경으로 한 이 영화는 부상당한 주인공 '인만'이 고향에서 기다리고 있는 연인 '에이다'를 찾아 '콜드 마운틴'으로 귀향하는 여정과 전쟁 장면을 이중으로 보여준다. 전쟁터의 장면이 씨줄이라면 귀향의 여정은 날줄인 셈인데 두 줄기를 넘나들며 전쟁으로 인해 피폐해진 인간의 내면을 파헤친다.

전쟁이야말로 비인간적이라는 메시지를 배면하는 가운데 비유와 상징 등 문학적 기법이 두드러진 영화이다. 책이 낡았다는 동료의 말에 책도 자신들처럼 전쟁에 지쳐서 그럴 것이라는 도입의 암시도 그렇지만, 주인공 인만이 교회에 들어온 비둘기를 날려 보내는 회상 장면 또한 그렇다. 교회의 흰 벽과 하얀 비둘기를 통한 평화의 상징이 그것이다. 뿐인가. 샐리네 우물에 비쳤던 까마귀는 인만의 죽음을 암시하고, 남부 의용군들이 탈영병 색출을 이유로 살상하는 장면에서 흰 광목과 붉은 피의 대비는 설원에서 총에 맞고 쓰러지는 인만의 죽음 결말과 겹쳐진다. 이 같은 비유와 상징적 장면들은 제목《콜드 마운틴》으로 귀결된다. 더하여 참혹하고 비인간적인 세상에 하나님이 무슨 힘이 있겠느냐는 루비의 발화는 오히려 하나님의 힘을 믿고 싶다는 역설로 읽히는 대목이다.

이렇듯 이 영화에는 비유와 상징, 역설이 매끄럽게 연결되는데 이는 소재 때문이다. 전쟁터로 가는 인만에게 에이다가 준 책 한 권은 시종 과거와 현재를 넘나들면서 이야기를 이끌어가는 소재로서 기능한다. 과거와 현재를 넘나듦에 있어 이처럼 책이라든가 음악적 요소 등이 평화에의 희구와 인간애 회복이라는 주제로 집약된다.

　인류사는 전쟁사라는 말이 있듯 대지진이나 대홍수와 같은 전쟁은 어디에나 있다. 미국의 남북 전쟁처럼 내전이었던 한국 전쟁은 지금까지도 그 아픔이 이어지고 있다. 한국전쟁의 상흔을 그린 오정희의 소설《바람의 넋》은 전후 부모의 살해 장면을 목격한 소녀가 그 트라우마로 인해 삶에 안주하지 못하는 영혼을 그린다. 또한 거제포로수용소를 배경으로 인간실존의 양상을 다룬 장용학의《요한 시집》은 전쟁이 인간의 인간됨을 어떻게 말살하는지 보여준다. 어디 이들뿐이겠는가. 전쟁으로 인한 상처는 셀 수 없다.

　그러니까 인간의 인간됨이 송두리째 무너지는 전쟁은 인간의 이기심이 만든 경우가 많다. 그러한 악으로부터 인만은 탈출하고자 한다. 탈영병으로서 고향으로 돌아오는 과정에서 인만은 죽음의 고비를 수차례 넘기고 우여곡절 끝에 에이다와 재회하지만 자신 안에 선함이 있었다면 그것을 다 잃어버렸다고 고백한다. 전쟁 이전의 순수했던 영혼을 잃어버렸다는 그의 멘

트는 한 개인의 문제를 넘어 전 인류의 문제로 확장된다.

　궁극적으로 인간애를 추구하는 이 영화는 승자도 패자도 없는 차가운 전쟁에 대해 질문을 던진다. 말하자면 폐허에 던져진 인간 내면의 선함을 찾을 수 있을지 줄곧 묻는다. 아울러 인간이 왜 살아야 하고 어떻게 살아가야 하는지의 질문이 끊임없이 반복된다.

　애니메이션 영화 겨울왕국의 주제가 'Let It Go'를 부른 소녀, 우리의 미래 세대는, 더 이상 전쟁이 없는 세상에서 살 수 있을까. 슬픈 과거를 잊을 거라는 노래로 방공호의 침울함을 잠시나마 지워버린 소녀. 과거는 과거일 뿐이니 잊으라는 노랫말처럼 우리는 전쟁의 참상을 기억에서 지울 수 있을까.

큐티클

　감나무 잎에 가을볕이 내려앉는다. 명절을 앞두고 읍내 장터에 간다. 물들어가는 가로수를 따라 달뜬 거리엔 평소보다 사람들의 왕래가 잦다. 은행 자동화기기 앞에도 줄이 길게 늘어서 있다. 나도 구불거리는 줄의 끝에 섰다. 줄이 줄어드는가 싶다가도 금세 이어진다. 타르륵, 현금인출기의 돈 세는 소리가 무료함을 밀어내며 공간을 가득 메운다. 현금을 쥔 사람들의 표정에 비해 납부고지서를 들고 서 있는 사람들의 표정은 그리 밝지 않은 것 같다. 나 역시 납부금을 내고 필요한 현금을 찾았다. 영수증을 정리도 할 겸 자동화기기 앞에 놓여 있는 긴 의자에 앉았다.

아까부터 의자에 앉아 나를 바라보는 것 같았던 할머니 한 분이 가까이 다가왔다. 기기를 사용할 줄 몰라서 도움을 요청하려나 싶었다. 하지만 할머니는 내 머리를 보며 나이가 몇인데 이리도 머리가 셌냐며 혀를 끌끌거렸다. 당신의 딸도 나이 사십을 이제 갓 넘겼는데 머리가 허옇다며 염색이라도 좀 하고 다니라는 말을 조심스럽게 손에 쥐어주었다. 귀가 어둔 것인지 할머니의 말소리는 공간을 가득 채울 만큼 컸다. 덕분에 늘어선 줄의 눈이 일제히 내 머리를 향했다. 나는 할머니의 염려에 선뜻 대답을 못하고 서둘러 낯 붉어진 공간을 빠져나왔다.

집안 내력이기도 하지만 다른 형제에 비해 나만 유독 일찍부터 새치가 나기 시작했다. 하나둘 나오기 시작했을 땐 갈색 머리와 그런대로 어우러져 자연스러웠다. 그러던 것이 점점 새치 수준을 넘어 흰머리에 가까워졌고, 주변으로부터 염색을 하라는 말을 자주 들었다. 그럴 때마다 나는 그러려니 하며 귓등으로 쓸어 넘겼다. 헌데 할머니의 염려를 받고부터는 흰머리가 더욱 도드라져 보이기 시작했다. 더하여 나를 슬프게 한 것은 내 강의를 듣는 문해반 할머니들의 지청구(?)였다. 대개 육칠십 대인 할머니들은 이제 겨우 나이 오십인 나에게 할머니 선생이라 놀려대며 제발 염색 좀 하라고 성화를 댔다. 사실 염색을 한 번도 안 한 것은 아니다. 나이에 맞지 않은 흰머리를 감추려 수년 전에 염색을 한 적이 있다. 그 이후로는 염색을 고려

하지 않고 있다. 핑계 같지만 염색을 하면 가려움증도 있고, 한 번 하면 머리끝이 자라 나올 때마다 지저분해져 지금까지 그냥 흰머리를 고수하고 있는 것이다.

추석날 아침, 단출한 명절 아침상을 대강 치우고 친정으로 향했다. 문 앞엔 벌써 크고 작은 신발이 가득했다. 문틈으로 새어 나오는 웃음소리와 명절 냄새가 어우러져 포근해졌다. 방 안에는 반가운 얼굴들이 웃음꽃을 피우고 있었다. 나도 자리를 잡고 앉으려는데 가족들의 시선이 내 머리에 모아지는 것 같았다. 나는 내 머리에 대해 또 운운하는 걸 넘기려고 화제를 돌려 내용 없는 말을 뱉어냈다. 그런 내 심경을 눈치라도 챈 것인지 올케가 과일 쟁반을 들고 내 앞에 앉았다. 올케는 조심스럽게 배를 깎으며 내 머리를 흘깃거렸다. 배 한 쪽을 집어주는 올케의 눈이 번뜩이는가 싶더니 결국 머리염색을 주문했다. 나머지 가족들도 입을 맞춘 듯 성화를 댔다. 당장의 위기를 모면해보려 알았다고 했다. 말이 떨어지기 무섭게 올케는 염색약을 들고 요즘 염색약은 부작용이 없다며 내 앞에 앉았다. 자그마한 체구로 조카들을 키우며 초등학교에서 교편을 잡고 있는 올케의 야무진 표정을 거절할 수가 없었다. 하는 수 없이 나는 올케에게 흰머리를 맡겼다.

올케는 내 어깨에 비닐을 씌운 뒤 염색용 장갑을 끼고 염료제와 염색제를 능숙하게 섞었다. 남동생은 방바닥에 신문지를 넓게 펼쳤다. 수많은 사건과 소식들이 검은 글씨로 박혀 있는 신문지 위에 나는 가부좌로 앉았다. 죽은 사람 소원도 들어준다는데 산 사람, 그것도 가족의 소원 한 번 들어주는 게 무에 그리 힘들었을까. 식구들에게 미안했다. 은행에서 만난 할머니의 염려와 수강생 할머니들의 관심도 그렇지만 가족이 아니면 누가 이렇게까지 염색약을 들고 앞에 앉을까. 염색 후 설령 가렵고 이마가 벗겨진다 하더라도 내 오늘은 올케의 정성을 수용하리라. 감았던 눈을 지그시 뜨고 올케의 표정을 살폈다. 생기가 도는 것 같았다. 하지만 불혹을 넘긴 올케의 얼굴에도 살아온 내력인 듯 눈가에 주름이 깊어졌다. 미용사처럼 올케가 찬찬히 염색약을 바르기 시작했다. 이마와 정백이, 귀밑머리 부분은 염색용 빗으로 바른 후 엄지와 검지로 세심하게 비벼주었다. 큐티클이 부풀어 오르도록 하는 이 과정이 제대로 이루어지지 않으면 색이 잘 나오지 않는다며 몇 번이고 머리카락을 문질렀다.

  나는 다시 눈을 감고 생각에 잠겼다. 큐티클은 모발의 표피를 보호하기도 하지만 때로는 그 보호막을 부풀려야만 물들 수 있다. 머리카락 한 올도 다른 색으로의 변이를 위해 표피를 열고 색을 받아들이는 열림과 수용, 기다림의 시간이 필요한 것처럼 나와 올케의 물듦 또한 다르지 않은 것 같다. 그러니까 올케는 지금 내 머리카락이 아닌 시누이와 올케라는 조금은 어려운 관계를 물들이고 있는 것이다.

  창밖, 감잎도 점점 더 짙게 물들어 가는 추석 명절. 가지에 앉은 까치가 좀 더 높은 곳으로 옮기더니 방을 기웃거린다. 홍시를 쪼는 까치의 깃에 노을이 물든다. 나와 올케의 사이처럼 머리색도 자연스럽기를 바라며 큐티클을 읊조린다.

기억은 책 속의 삽화처럼

무채색 삽화가 침침한 시선을 당겨놓는다. 독서 중인 책의 상단에 곁들인 스케치가 기억 속의 길과 닮아있다. 윤곽이 뚜렷하지 않은 그림 속 벽에서 금방이라도 고양이 울음소리가 번져 나올 것 같다.

바람이 부는지 간간이 창문 덜컹거린다. 덩달아 덜컹대던 기억이 그림의 여백을 헤아린다. 나에게도 저만큼의 여백은 있었을 것도 같은 추억 속의 길이다. 그 길이 기억 밖으로 움직이는 것 같다.

건물과 건물 사이에 자리 잡은 그 골목은 늘 어둑했다. 한 사람이 겨우 지나갈 정도의 좁다란 길이었다. 건물 벽엔 길고양이들의 배고픈 울음이 자국처럼 박혀 있는 듯했고 볕이 들지 않는 습한 길바닥 여기저기에 쥐똥이 굴러다녔다. 그래선지 간혹 길가의 쥐똥나무 열매를 보면 미래에 대한 불안으로 종종대던 날이 떠오르기도 하고 문득 시간의 레일이 되돌려지기도 한다.

상경한 이후 친척 집 문간방에 머물던 짐들을 자취방으로 옮겼다. 섭섭함보다 내 방이 생긴다는 기쁨이 더 컸다. 사촌과 함께 기거하던 방의 꽃무늬 벽지에 비해 자취방의 벽지는 누렇게 바랜데다 우중충했지만 괘넘치 않았다. 천장 구석엔 꽃인 양 곰팡이가 피어 있었다. 비키니 옷장으로 곰팡이를 가리고 앉은뱅이책상 위에 자그마한 책꽂이를 올려놓자 그런대로 구색이 갖추어졌다.

이사 후 처음 맞는 휴일, 다소 여유로운 기분으로 밀린 과제를 하고 있었다. 그때 갑자기 누군가 좁고 낮은 방문을 두드렸다. 이곳을 알고 있는 사람이 없을 것인데 혹시라도 잘못 들은 것은 아닌지 기다렸다. 재차 두드리는 소리에 들어가는 소리로 누구냐는 질문을 던지자마자 카랑카랑한 여자의 음성이 들렸다. 어디선가 들은 것 같은 낯익은 목소리였다. 문을 열자마자 얼굴을 내민 사람은 건물주 아주머니였다. 의외의 방문에 어줍은 인사를 했다. 방으로 들어오라 안내를 해야 할 것인지 아니면 내가 밖으로 나가서 방문에 대한 이야기를 들어야 할 것인지 망설이는 찰나 아주머니의 말이 쏟아지기 시작했다.

"요즘 젊은것들은 도통 아껴 쓸 줄을 모른다니까."

낮에 전등을 켜놓은 것을 탓하는 것이었다. 자취방은 앞 건물에 가려 어두컴컴했었다. 그래서인지 다른 곳보다 싼 가격에 들어왔다. 하지만 예상한 것보다 더 어두웠다. 낮에도 전등을 켜지 않으면 책을 볼 수가 없었다. 때문에 책을 보거나 옅은 화장일망정 거울을 볼 때면 어쩔 수 없이 스위치에 손이 가곤 했다. 씩씩거리는 아주머니의 눈길을 피해 얼른 문 옆에 붙은 스위치를 내렸다.

다시 어둑해졌다. 출입문으로 들어오는 빛을 등지고 서 있는 아주머니에게 미안하다고 해야 할지 공부를 해야 하는 사람이라서 책을 볼 때면 낮에도 전등을 켜야 한다고 해야 할지 그것도 아니면 무조건 미안하다고 사과를 해야 할지 망설이고 있었다. 어정쩡한 시간이 길게 느껴졌다. 이윽고 주인집 아주머니가 방 안을 한번 휙 훑어보더니 한 마디 더 던지며 돌아섰다.

"전기 계량기를 따로 하나 더 달든지 해야지, 원…."

사실 나도 억울한 면이 있었다. 그 당시 서울의 변두리 그것도 달동네라 불리는 곳에는 전기계량기를 분할해서 설치하는 비용도 만만치 않아서 주인 세대와 세입자 간 나누어 내곤 했었다. 그러니까 쓴 만큼 더 내면 될 일인데 역정을 내고 돌아서는 아주머니가 야속하기도 했었다.

그해 겨울 보일러실 옆 벽을 따라 연탄을 두어 줄 쌓았다. 오르막길을 걸어 연탄을 나르는 일도 쉽지 않았다. 무엇보다 불을 꺼뜨리지 않고 관리하는 일은 더 어려웠다. 여차하면 불을 꺼트려 냉골에서 잠들어야 했다. 그럴 때면 문틈으로 들어오는 바람은 더 거센 것 같았다. 이불을 목까지 잡아당겨 보다가 결국 번개탄을 주인집에서 빌려와 연탄보일러 앞에서 날을 새곤 했다. 유독 전등을 켜놓는 것에는 민감했으나 난방이 되지 않는 방의 내력을 잘 알기라도 하는 듯 주인집 아주머니는 새벽 시간도 마다하지 않고 가끔 당신의 보일러 연탄 밑불을 선뜻 내주기도 했다. 전기세를 나눌 때도 내게는 제일 적은 금액을 요구했다는 걸 나중에 알았다. 직장과 공부를 병행하는 내 처지를 딱하게 여기고 있었던 것이다.

한 세대가 훌쩍 지난 지금, 그 시절은 기억 속 이미지로만 존재한다. 그러나 거칠어지는 사람과 사람들의 이야기를 주변에서 접하다 보면 불현듯 자췻집 아주머니가 생각나곤 한다. 지금쯤 살아계신다면 구순은 다 되었을 것이다.

책장을 넘긴다. 책 속의 삽화처럼 어떤 기억은 오랫동안 의식의 밑바닥에 가라앉아 있다가 이미지화되어 어느 순간 생생히 떠오르곤 한다. 그것은 아마도 세상에는 정이 아직 살아 꿈틀거리고 있기 때문이 아닐까.

나를 유배 보내다

뚜껑이 열린다. 병 속에 갇혀 있던 헤이즐넛 향이 차 안에 퍼진다. 녹차를 즐겨 마시는 친구가 나를 위해 커피를 챙겨온 것 같다. 배려 때문인지 어느 때보다 향이 진하다.

자그마한 체구에 당찬 이미지를 풍기는 친구가 긴 머리를 질끈 동여맨 채 운전석에 앉아 목적지를 검색한다. 친구는 비좁은 사무실에서 서류 더미에 묻혀 사는 게 갑갑하다며 바람이라도 쐬러 가자는 말을 하곤 했다. 그때마다 이런저런 이유로 미루었다. 오늘은 작정이라도 한 것인지 아침부터 전화기 너머로 자유는 구속을, 구속은 자유를 갈망한다는 말을 은근 흘려놓았다. 여름방학도 막바지인데 글의 물꼬가 트이지 않아 망설이는 내게 쇠뿔도 단김에 빼는 거라며 강진행을 밀어붙인 게다.

일정에 없던 나들이 강행이 미안했는지 전에 없이 친구의 서설이 길다. 커피 한 모금을 넘긴다. 정신이 맑아지는 것 같다. 차창 밖 멀리 백로 한 마리 허공을 가르며 날아간다. 새들의 날갯짓에 묻어나는 고단함에 대한 이력보다 자유로운 비행에 마음이 간다. 하지만 자유는 갇힘의 또 다른 은유라 하지 않던가. 가까워졌다 멀어지는 풍경 속으로 날갯짓 멀어진다.

어느새 목적한 이정표가 보인다. 가로수 길이 짙푸른 색으로 허공을 물들인다. 푸른 터널을 달리는 마음이 덩달아 푸르게 물결친다. 집 근처에서도 출퇴근길에도 접하는 가로수길이지만 소소한 일탈이 주는 느낌 때문인지 사뭇 다르게 다가온다. 일상 공간을 조금 벗어났을 뿐인데 마음에 새로운 무늬 하나 새겨지는 것 같다.

'초당'을 향해 오른다. 물소리 바람 소리 어우러져 걷다 보니 수백 년은 됨직한 소나무 뿌리가 지면 밖으로 뻗어 있다. 딛고 오르내리는 사람들의 걸음 때문에 수난일 수 있겠으나 한편으로는 다산의 사유가 계단의 역할을 하는 것 같다.

어느덧 강진만이 굽어보이는 만덕산 중턱에 자리한 다산초당에 다다른다. 이곳에 사철 사람들의 발길이 끊이지 않는 것은 풍광도 풍광이지만 다산의 유배지였다는 이유 때문이지 싶다. 육신의 유배일지언정 그의 의식까지를 가두진 못했던 곳. 보온병에 갇혀 있던 커피 향이 이산하듯 다산의 깊은 사유는 강진이라는 유배지처럼 갇힘에서 비롯되었을 것이다. 때문에 그 공간은 갇힘이 아닌 열림이요 확장으로 은유된다.

추사 김정희가 직접 썼다는 초당 현판과 그 너머에 있는 다산의 초상을 들여다본다. 초가가 허물어지자 지금의 기와로 지었다는데 원래대로 복원했더라면 하는 아쉬움이 남는다. 초가를 상상하며 다산의 유배 생활을 그려본다. 글쓰기는 트인 공간보다는 구석과도 같은 자기만의 골방이라야 한다는 말이 맞는 것 같기도 하다.

누에고치가 실잣기를 하듯 언어로 지은 사유의 골방이 초당일 터. 그 옆으로 연못 가운데 돌을 쌓아 만든 산이라는 연지석가산이 보인다. 연못에 추녀 끝이 내려앉아 있다. 숲 뒤에서 산새 소리 들려온다. 다산이 이곳에 유배 왔을 때에도 울었을 새소리다. 다산은 십여 년간 정조의 총애를 받다가 순조 즉위 후 신유박해 사건에 연루되어 유배되었다. 만일 다산이 유배되지 않았다면 방대한 양의 저술이 가능했을까. 위기와 고난을 기회로 승화시킨 그의 학문적 걸음에 숙연해진다.

다산의 내면을 투사한 초당에는 다산 문학의 향기로 가득하다. 그의 문학과 학문의 산실이자 의식의 골방과도 같은 이곳에서 나는 문득 《자기만의 방》에 갇히길 희구한 버지니아 울프의 골방을 생각한다. 그 방 또한 내면을 발산하는 은신처이자 안식처로서 내밀함의 이미지를 간직한 장소였을 것이다.

　글을 쓰기 위해서 스스로를 시골의 어느 골방에 감금시킬 것이라던 울프의 언표에서 역으로 다시 유배를 떠올린다. 타의에 의한 유배와 자의에 의한 감금이라는 면에서 둘의 성격은 다르지만 한편으로는 다르지 않다. 그들은 0.38평의 감옥과도 같은 의식의 골방에서 사유를 이끌어냈다. 부자유한 공간에 감금되면 누군가는 육신과 영혼이 피폐해지기도 한다. 하지만 그들은 그곳에서 언어의 실을 뽑아 사유의 집을 짓고 닫힘을 열림으로 치환한 것이다.

　모순과 부조리가 횡행했던 그 시대를 아파하면서 당대를 혁신하고자 한 다산의 텍스트는 시공을 초월한다. 나무가 어둠 속에 뿌리를 깊게 내리듯 유배라는 어둠 속에 오히려 다산의 의식은 심오함으로 뿌리를 내린 셈이다. 때문에 어둠은 빛이기도 하고 빛은 어둠이기도 하다. 솔숲에서 바람이 인다. 바람 속에서 다산의 숨결이 느껴지는 듯하다. 나는 나를 어디에 감금하고 어디로 유배를 보내야 할 것인가.

노을 공책

   산자락에 걸린 노을이 붉다. 당신 집으로 가는 길을 안내해 주는 김 할머니의 목소리도 덩달아 붉게 물든다. 갈림길을 지나 들녘 길이 이어진다. 길 양옆으로 휘어져 있는 밭뙈기가 길을 만드는, 고적한 풍경이 다가왔다 멀어진다. 엊그제 당신도 텃밭에 마늘을 놓았다며 마을 어귀를 가리킨다. 신목神木의 귀기를 품은 팽나무 곁을 지나 공터에 주차를 한다. 먼저 내린 김 할머니가 앞서 걷는다.

   길갓집 개가 짖어댈 뿐 동네는 조용하다. 초록대문 집을 지나 칠하지 않는 은빛 철 대문 앞에서 멈춰 선 할머니가 숨을 고른 후 천천히 문을 민다. 티끌 하나 없는 정갈한 마당이 초면의 어색함을 마중한다. 정면으로 보이는 일자형의 주택은 할머니의 동선에 맞게 개조한 듯 보인다. 소박하다. 할머니는 차를 마시고 가야 한다며 꼬리별이 데워 놓은 마루에 앉힌다.

마당 너머 할머니의 마늘밭이 보인다. 밭 가상엔 봄동이 나부작하니 땅에 엎디어 있고 북을 돋아 갈무리해둔 파 두럭은 파꽃 같은 김 할머니의 이미지 그대로다. 단정한 텃밭 위로 할머니의 구부정한 시간이 바람처럼 구름처럼 흘렀을 것만 같다. 풀을 매면서 한글 시간에 배운 글자를 땅에 써 보기도 했다는 할머니의 텃밭은 글거름 때문인지 더 푸른 것 같기도 하다.

기실 예기치 않은 방문이었다. 코로나19로 인해 못했던 문해 수업을 보강하게 된 이후 김 할머니는 유독 초췌했다. 하루 서너 대밖에 없는 마을버스 시간에 맞춰 학교에 다니는 일이 수월찮은데다 워낙 마른 체구라서 체력이 쇠한 때문이려니 했다. 그런데 보강 때문에 두어 시간 넘게 한데서 차를 기다린 게 화근이라 했다. 다른 때 같으면 정류장 근처 약국에서 잠시나마 한기를 면했을 텐데 거리를 두어야 하는 시기인지라 그러지도 못했다며 수척해진 이유를 풀어 놓았다. 나는 슬쩍 할머니의 넋두리 틈새로 끼어들었다. 그러니까 김 할머니의 집 방향에 볼일이 있다는 핑계로 할머니를 모셔다드리고자 한 내 속내가 오늘의 느닷없는 방문인 셈이다.

김 할머니가 문해반 교실 문을 두드린 건 이태 전이었다. 백

발에 다소곳한 차림의 할머니는 교실 뒷자리에 앉아 있는 듯 없는 듯 조용히 귀를 기울일 뿐이었다. 강의 시간 첨삭하기 위해 내가 옆에라도 가면 할머니의 글자들도 당신처럼 긴장하는 눈치였다. 그러다 차츰 이물이 없어지고 할머니의 자리는 빈 적이 없었다. 숙제를 빼먹으면 끼니를 거르는 것 같다는 말을 무심히 던지기도 했다.

해방이 되기 전, 일제가 숟가락 젓가락까지 거둬가던 시절에 태어났다는 김 할머니는 유독 말수가 적다. 가난은 배움의 시간을 앗아갔고 젊은 날 남편과의 사별은 삶을 고독하게 했던 것 같다. 때문인지 노트 속 글자들도 쓸쓸해 보였다. 먼저 하늘로 간 남편에게 편지를 쓰고 싶다던 할머니의 소망이 무르익어가던 어느 날부터 김 할머니의 일기장이 내 책상 위에 올라왔다. 무엇을 써야 할지 막막하다고 하소연하면서도 삶의 애환이 속박이처럼 들어 있는 할머니의 일기장은 하루도 빠지는 날이 없었다. 계절에 따라 변하는 풍경을 나름대로 적어오기도 하고, 앙상한 나뭇가지를 본 소회를 당신의 고적함에 빗대어 써오기도 했다. 한글의 제자 원리와 애민 정신을 배우고 난 다음 날엔 세종대왕을 사랑한다는 글을 수줍게 내놓기도 했다. 어느 날은 글자들이 쓰면 쓰는 대로 머릿속에 들어가 나오지 않으면 좋겠다는 하소가 절절하니 노트에 박혀 있었다. 꾹꾹 눌러 쓴 글자가 자국으로 남거나 지우고 다시 쓴 흔적이 많은 할머니의 일기장이 때론 경經이 되어 내게 말을 건네는 것 같았다.

조용히 뒷자리에 앉아 있던 김 할머니는 이제 맨 앞자리에 앉는다. 말수도 점점 많아지고 얼굴도 밝아졌다. 간혹 방금 배운 것도 도랑 건너다 잊어버린다며 너스레를 피우기도 하고, 교실 분위기가 절인 배추처럼 흐느적거릴 땐 당신의 삶이 녹아든 해학으로 생기를 불어넣곤 한다. "내일 죽더라도 오늘은 사과낭구를 심더라고잉." 김 할머니의 말에 의자들이 이구동성 허리를 펴는 문해 교실. 늦은 나이임에도 불구하고 한 땀 한 땀 글을 수놓는 할머니, 할아버지들은 생의 경전이지 싶다.

엷어진 노을이 앞산을 넘어간다. 문득 '현고학생부군신위顯考學生府君神位'라는 문구가 떠오른다. 이 말은 제사 때 쓰는 지방이다. 죽은 사람에게도 학생이란 신분을 언급한 것을 보면 사는 동안 공부해야 할 이유 아닌가 싶다.

할머니의 공책에 내일은 또 어떤 이야기가 채워질까.

반닫이

 노을이 인다. 길가 트럭의 짐칸에 실린 반닫이가 눈에 띈다. 평소 고가구에 대한 관심이 많기도 했지만 박물관에서나 볼 수 있을법한 반닫이가 걸음을 붙든다. 트럭 가까이 다가간다.
 주인은 볼일이라도 보러 간 것인지 크고 작은 짐들이 자리를 지키고 있다. 반닫이의 물고기 모양 자물쇠가 푸르스름하게 보호색을 띤 것이 동과 구리를 섞어 만든 것 같다. 물고기는 부귀와 다산 등의 상징을 담고 있어 그림이나 생활용품에 많이 사용되곤 했다. 어머니의 반닫이에도 물고기 형상의 자물통이 달려 있었다. 그 자물쇠는 특별한 날이라야 열리곤 했다.
 막내 외삼촌의 결혼식 전날이었을 것이다. 이튿날 치러질 막

내 외삼촌의 혼례 준비로 외가 마당의 번철 앞에서 바빴던 어머니는 해거름을 이고 돌아왔다. 명절마냥 오랜만에 기름진 저녁상을 차려서인지 그날 어머니의 낯꽃은 환했다. 그러면서도 한편으론 어두운 표정이 역력했다. 일찍 돌아가신 삼촌 때문이라는 걸 어렵지 않게 알 수 있었다.

방으로 들어온 어머니가 반닫이 앞에 앉았다. 방바닥에 엎디어 졸린 눈을 비비고 있던 나는 얼른 어머니 곁으로 다가갔다. 반닫이 문은 자주 열리지 않았기에 그 문이 열리는 날이면 언니와 나는 누가 먼저랄 것도 없이 어머니 옆으로 다가앉곤 했다.

외할머니가 사용하던 것을 물려받았던 반닫이는 여닫이문의 경첩도 문고리도 여기저기 흠집이 나 있었다. 트럭의 반닫이만큼이나 세월의 흔적이 깊게 배인 반닫이를 어머니는 틈만 나면 닦곤 했다. 손에서 일이 떠날 새 없던 어머니가 정성스레 닦을 때마다 낡은 게 무에 그리 소중해서 닦을까 싶었다. 그러면서도 반달 형상으로 휘어진 물고기 자물쇠를 신기한 눈으로 바라보곤 했다.

드디어 어머니가 물고기 자물쇠에 기다란 열쇠를 밀어 넣고 돌렸다. 딸깍 소리와 함께 입을 꼭 다물고 있던 문짝이 열렸다. 안에서 나오는 물건들 하나하나를 좇아가며 바라보았다. 기대와는 달리 나오는 건 누렇게 변한 우리들의 배냇저고리와 갓

난 아기 적 기저귀였고 뒤이어 나오는 건 작아서 못 입는 옷가지들뿐이었다. 고대하던 주전부리이거나 깡통에 들어 있는 용돈이 아니었다. 어머니는 하찮아 보이는 옷가지들이 진귀한 것이라도 되는 듯 조심스러웠다. 그러면서 무엇을 생각하시는지 문득문득 멈추고 생각게 잠기기도 했다.

옥빛 한복은 맨 나중에 나왔다. 그 옷은 친척들의 결혼식이 있거나 계모임이 있는 날에만 바깥나들이를 할 수 있었다. 변변한 화장대 하나 없었던 어머니의 나들이에서 유일한 치장은 옥빛 한복과 연분홍 베니였다.

이제는 외할머니도 어머니도 내 어릴 적 기억 속에서 결혼했던 막냇삼촌도 세상을 떠난 지 오래다. 오고가는 것이 사람만이 아니라 만상이라 하지만 환갑도 맞지 못하고 세상과 이별한 외가 식구들을 생각하면 마음이 아프다. 그렇게 삶과 죽음에 대한 내 기억의 시간은 부패하거나 지워지지 않은 채 지난날의 조각들을 밀고 당기며 살아간다. 나 역시 유전의 줄기에서 벗어날 수 없을 것이라는 생각이 들 때면 더 그렇다.

트럭 위로 하루가 이운다. 누군가의 추억을 단단히 여민 채 주인을 기다리는 트럭 위의 반닫이. 저 반닫이는 어떤 기억의 모습을 간직하고 있을까. 탈구된 기억도 나선의 기억도 저 안에서 이미지로 저장되어 있으니 훗날 좋은 추억이 되었으면 좋겠다. 열려 있을 때보다 닫혀 있을 때 상상을 유발하고 보이는 것보다 보이지 않는 무엇이 더 소중하듯, 혹시라도 갈 곳이 없어 오래도록 골목에 서 있을 수밖에 없는 트럭이라면 꿈과 희망을 빌어주고 싶다.

점점 골목이 어두워진다. 어디로 갈 것인가에 대한 희망보다 살아내야 할 삶에 대한 고민이 깊은 듯 트럭의 짐들이 차츰 왜소해지기 시작한다.

이별의 무게

 인기척이 들린다. 점점 가까워지는 걸음 소리에 귀를 기울인다. 잠깐의 고요가 머무는가 싶더니 이내 노크 소리가 들린다. 이어지는 목소리가 조심스럽다. 이사 온 지 며칠 되지 않아 찾아올 사람이 없는데 혹시 옆집의 문을 두드린 것은 아닌지 생각하며 다시 책에다 눈을 둔다.
 아까보다 더 세게 두드린다. 목소리도 한층 더 커졌다. 카프카의 『변신』을 덮고 현관문 앞에서 누구인지 확인을 한다. 옆집이라는 안내 목소리를 받으며 문을 연다. 이사 온 후 한 번 인사를 했던 이웃의 아줌마다.
 친하게 지내고 싶었으나 평소 말땀이 없는 나는 먼저 손을 내밀지 못하고 있었다. 그런 내 심성을 알아차리기라도 한 것인지 그녀가 먼저 자기 집에서 차 한잔하자며 마음을 청했다. 두드리고 열리는 것이 어디 문뿐일까. 나는 그녀의 배려에 낯설음은 사라졌지만 먼저 손을 내밀지 못한 것에 대해 부끄러운 마음이 들었다.

가끔 복도에서 그녀를 지나칠 때 어디가 아파 보이는 것 같았다. 그러나 오늘 본 얼굴은 건강해 보였다. 깨끔한 얼굴 또한 고생을 하지 않은 것 같았다. 무엇보다 선해 보이는 그녀의 어투와 얼굴은 무엇이든 거절할 수 없는 묘한 느낌 같은 게 있었다.

그녀의 집에 드는 순간 낯익은 소리가 들렸다. 새소리였다. 새장 안에는 잉꼬가 들어 있었다. 방에서 개를 키우는 사람은 봤어도 새는 처음이라서 어색했다. 새 역시 낯선 방문 때문인지 안절부절못하는 것 같았다.

서녘 창으로 들어온 석양이 잉꼬의 깃을 물들이는 적요 속에 그녀와 나는 마주 앉았다. 그녀는 어색함을 풀려는 듯 새의 이름을 알려주었다. 잠깐의 시간이 흘렀고 나는 더 편안해졌다. 하지만 새장 안의 새는 내가 낯선 것인지 나를 보며 연신 고개를 갸웃거렸다. 출퇴근을 하며 미세하게 들렸던 새소리가 집 밖에서 들리는 소리인 줄만 알았었다. 그런데 그 진원지가 바로 이곳이었다니.

그녀는 둥근 탁자 앞에 있는 방석을 가져와 내 앞으로 밀었다. 무슨 차를 먹을 것인지 물으며 싱크대 앞에 선 그녀의 몸이 몹시 야위어 보였다. 잠시 후 그녀는 작은 소반에 찻잔을 들고 내 맞은편에 앉았다. 헤이즐넛 향이 방 안 가득 퍼지고 그녀의 등 뒤 쪽창으로 노을이 점점 멀어져 가고 있었다.

그녀는 천천히 찻잔을 들며 말을 이었다. 저 잉꼬는 자신의 암 수술 후 동무 삼으라고 남편이 데려온 것이라 했다. 차를 한 모금 홀짝이던 그녀가 다정하게 새의 이름을 불렀다. 하지만 목소리에는 어쩐지 고독감 같은 게 어른거렸다. 낯설음에서 오는 고독. 나도 문득 내 방에 새 한 마리쯤 들이고 싶은 충동이 일었다.

나는 새장 가까이 다가갔다. 배 부분의 민트색이 생기로웠고, 날갯깃은 연회색으로 차분해 보였다. 언제부터 새를 좋아하게 되었냐는 질문에 그녀는 숨을 몰아쉬었다. 기억을 가져오려는 듯 창밖을 응시하던 그녀가 말을 이었다.

어느 해 겨울, 그녀의 아파트 베란다 창에 앵무새 한 마리가 부딪혔다고 했다. 죽은 줄 알았는데 다행히 움직였고, 불쌍한 마음에 그 새를 보살피게 된 것이 새와의 인연이 되었다고 했다.

그렇게 시작된 새와의 인연은 그녀를 밝게 했고, 새와의 소통은 새로운 경험이었다는 그녀의 말에서 생기가 느껴졌다. 그러나 인연이 깊어갈 즈음 새는 시름시름 앓아갔으며 그녀의 품에서 숨을 거두었다는 말에 다다랐을 때 그녀의 눈은 감겨 있었다. 무거운 기억을 꺼내려는 듯 숨을 고른 그녀는 말을 이었다. 새의 숨이 멈추는 순간 가벼워짐을 느꼈다는 그녀의 목소리가 떨리고 있었다.

영혼의 무게. 사람도 죽으면 21그램 정도로 가벼워진다는 던컨 맥두걸*의 말이 떠올랐다. 하지만 이론상의 중량일 뿐 어떻게 그 무게를 느낄 수 있을까. 하물며 사람의 영혼 무게보다 몇백 배는 가벼울 새의 영혼의 무게를. 그러나 나는 그 무게가 양에 따라 감지되는 것이 아닌 가슴으로만 느낄 수 있는 이별의 무게일 거라는 생각에 마음이 닿았다. 그녀의 눈을 바라보았다. 참 맑아 보였다.

이후 떠돌이 앵무새와의 이별을 경험한 그녀의 상심은 깊어졌고 암 수술 후유증 또한 나빠져, 이를 보다 못한 그녀의 남편이 지금의 새를 들인 것이라고 재차 설명했다. 새의 영혼의 무게를 가슴으로 느낄 수 있는 그녀나 그녀의 이별에 대한 슬픔을 보듬는 남편의 혜량이 부러움으로 다가왔다.

나도 그녀를 위해 엉뚱한 생각 하나를 떠올렸다. 철제 새장에 갇힌 새와 투병의 새장에서 힘들어하는 그녀를 위해 숲을 만들어주고 싶었다. 우선 꽃벽지가 그려진 벽 한 중앙에 서너 그루의 나무를 푸르게 심고, 그 곁에 이끼를 평생 반려로 업고

사는 바위를 그린 다음 틈틈이 풀과 바람 소리를 스케치, 스케치. 벽 끄트머리쯤에는 드문드문 나목과 고사목도 몇 그루 그려 넣는 것을 끝으로 그녀의 손을 잡아 숲으로 이끈다.

꺄륵! 철장 안의 잉꼬가 소리를 낸다. 내 상상을 알아채기라도 한 것인지 날개를 푸드덕거리며 금방이라도 숲속의 나무 꼭대기로 날아오를 것만 같다.

*미국 매사추세츠 병원 의사. 1907년 발표한 논문에서 영혼의 무게에 대해 언급함.

백오십 미터

"아빠, 머리 아파."

아이의 울음 섞인 목소리가 열린 문틈으로 새어 나온다.

수술은 잘 되었으니 염려 말라며 운동을 조금씩이라도 해야 한다는 주치의의 당부가 없었다 해도 내내 누워만 있는 것이 답답해 복도를 거닐 참이었다. 당직 간호사들 몇몇이 둥근 데스크를 면하고 의자에 앉아 있을 뿐 원내는 조용하다. 여느 때 같으면 병문안 온 방문자들이 오갔을 테지만 코로나19로 인해 입원 환자들의 슬리퍼 끄는 소리만 느릿하게 들릴 뿐이다. 소아암 병동 앞을 지나던 내 귀에 아이의 울음소리가 크게 들려온 것은 아마도 그 때문이었을 것이다.

병실 문이 조금 더 열리더니 아빠인 듯한 남자가 우는 아이를 달래며 조용조용 휠체어를 밀고 나온다. 그들을 위해 나는 수액을 걸친 밀대를 복도 벽 쪽으로 붙이고 비켜섰다. 전날 엄마가 휠체어를 밀던 그때도 아이는 무언가 불편한지 우는소리를 했었다.

소아용 휠체어에 앉은 아이의 가느다란 팔에는 링거를 연결하기 위한 주사기가 꽂혀 있고 머리에는 얼멍얼멍한 두건이 씌워져 있다. 삼십 대 초반쯤으로 보이는 아이 아빠의 걸음이 무겁다. 전날 스쳤던 아이 엄마도 핏기 없는 얼굴로 금방이라도 무너질 것처럼 아슬했었다. 우는 아이를 달래며 복도 끝을 향해 가는 휠체어를 따라 내 걸음도 느려진다.

소아암 병동은 내가 있는 입원실 같지 않고 밝은 분위기다. 게시판에는 만화영화에 등장하는 뽀로로 그림이 붙어 있고 쾌유를 비는 문구들도 어깨를 나란히 서 있다.

휠체어를 밀고 가며 아이를 달래는 목소리가 모래처럼 서걱대며 멀어졌다가 가까워지기를 반복한다. 내가 복도를 두어 바퀴 도는 동안에도 아이의 칭얼거림과 아이를 어르는 마른 목소리는 멈추지 않는다.

조직 검사 결과를 기다리는 동안 나는 그리 초조해하지 않았다. 그러나 괜찮을 것이라는 무의식적 암시를 무지르고 암이라는 말을 들었을 땐 뒤통수를 한 대 맞은 것처럼 멍했었다. 떠밀리듯 수술을 마치고 회복 중인 이곳이 낯설기만 한데 아이는 얼마나 낯설까. 암이라는 이야기를 들었을 때 저 아이 부모의 심경은 어땠을까. 수술 후 마취에서 깨어났을 때 느꼈던 통증처럼 아려온다.

걷는다. 단 한 걸음이라도 걸어야 살 수 있다는 절체절명의 시간을 걷는 사람들. 그들의 표정은 한결같이 무표정이다. 무엇엔가 홀린 사람처럼 앞만을 향해 한 걸음 한 걸음 내딛는다. 병동을 양옆에 두고 가운데 데스크가 있는 암병동은 자연스럽게 둥근 복도가 트랙처럼 구성되어 있다. 둥글게 이어진 복도 가상에는 10미터 단위로 거리를 표기하여 150미터까지 초록의 선으로 이어져 있다. 이를테면 병동 한 바퀴를 도는데 150미터를 걷는 셈이다. 희망과 소망의 거리 백오십 미터.

살아온 길은 수천수만의 거리일 것인데, 그 걸음의 기억 다 잊고서 한 걸음이면 닿을 거리를 십 분이 걸리고 이십 분을 걸머지고 걷는다. 성한 사람이야 생각 없이 걷는 거리이지만 이곳의 사람들에게는 고행의 길이자 생사의 갈림길이다.

살아오면서 단 한 번이라도 관성처럼 내딛어지는 내 걸음에 대해 생각해 본 적이 없다. 그저 의지에 따라 재바르게 걸어왔고 목적을 향해 내딛었을 뿐, 단 한 걸음이 얼마나 소중한지 생각하지 못했다. 산다는 것은, 살아 있다는 것은 움직여야 하는 것처럼 나 역시 걸어야 살 수 있는 사람이 되어 복도를 걷고 또 걷는다. 살려는 의지보다는 못다 한 일들이 걷는 내내 시야에 어른거렸다. 시간이 흐르면서 무딘 걸음은 트랙을 한 바퀴 두 바퀴를 넘어섰다. 차츰 나아질 거라는 믿음이 생겼다. 그러나 몇몇 환자는 트랙의 난간을 붙잡고 걸음을 멈춘 채 꼼짝하지 않는다. 그럴수록 가족은 어르며 억지 걸음을 놓는다.

어린아이에서부터 노인에 이르기까지 길을 걷다가 어느 날 암병동이라는 한 공간에서 만나 서로의 죽음에 대해 생각했던 시간을 돌이켜보면 문득 사무엘 베케트의 희곡 《고도를 기다리며》가 떠오른다. 희곡 속 주인공 블라디미르와 에스트라공은 나무 한 그루만 서 있는 허허벌판에서 하염없이 '고도'를 기다린다. 고도가 무엇인지, 누구인지, 언제 올지, 알지 못한 채 그들은 기다린다. 그 알 수 없는, 무인칭 존재인 '고도'를 기다리는 그들의 우매함은 강한 상징을 내포한다.

나에게 다가온 시련 또한 인생 여정의 기다림의 한 조각이지 싶다. 생사 역시 기다림의 자장 안에 있는 것이려니, 무겁고 무딘 걸음일지언정 오늘, 한 걸음 내딛는다.

아리아드네

"괜찮기도 하고 나쁘기도 하네요."

투명한 가림막을 넘어온 여의사의 말을 얼른 알아채지 못한다. 앞의 의미든 뒤의 의미든 어느 하나만을 취할 수 없는 중의적 문장 앞에서 나는 한동안 말을 잃는다.

허공에 침묵이 가로 놓인다. 갈피를 잡지 못하던 시선이 잔잔한 꽃무늬 벽지에 머문다. 그녀를 만나기 위해 오던 길에 보았던 산수유꽃이 그녀의 진료실 벽에도 피었다는 생각을 하며 시선을 책상 위로 옮긴다. 사진이 보인다. 그녀가 보다가 그대로 둔 듯한 사진 속엔 손가락이 휘어지고 뼈가 틀어진 장면들이 뒤섞여 있다. 류마티스 관련 사진들이 모아진 자그마한 앨

범 속 사진들이 나를 겁이라도 주려는 듯 멀뚱히 바라보는 것 같다.

언제부턴가 아침에 눈을 뜨면 손이 뻣뻣했다. 주먹을 쥐었다 폈다 몇 번 하고 나면 증상이 호전되었다. 피로가 겹쳐서이거나 나이 듦의 현상이려니 하며 무심코 지나갔다. 무심함이 화근이었을까. 워밍업을 해도 호전의 기미가 보이지 않았다. 오히려 더 아프고 고통스러웠다. 결국 아쉬운 대로 동네 의원을 찾았지만 뚜렷한 원인을 찾지 못했다. 고개를 갸웃거리던 동네 의사는 대학병원 류마티스 내과에 가보라는 말을 덧붙여 나를 돌려보냈다.

서둘러 대학병원에 예약했으나 오래 기다려야 했다. 기다리는 동안 통증이 심해졌다. 낮엔 그런대로 수굿하다가도 밤이면 더했다. 통증은 미궁 같은 혈관을 타고 다니며 바늘로 찌르는 듯 아팠다. 그럴 때마다 잠에서 깨어 창밖을 바라다보곤 했다. 평균수명으로 봤을 때 살아온 날보다 살아야 할 날들이 적다고는 하나 이제 갓 반백 넘은 나이인데 암도 모자라 온 뼈마디 마디 통증이라니. 돌아보면 특별히 모나게 살아온 일도 없는 것 같은데 왜일까, 라는 생각을 지울 수 없었다. 그러나 궁하면 열린다 했던가, 어느 때부터인가 어둠을 지키며 홀로 서 있는 가등은 마음의 위안이 되었다. 비가 오거나 눈보라가 쳐도 제 일을 감당해내는 가로등도 그렇지만 그 곁에서 오고가는 푸른 생명들을 보면 엄살처럼 느껴지기도 했다.

그런 날들이 흐르고 대학병원 첫 진료를 받게 되었다. 불안감으로 의자에 앉아 있는 나와 달리 여의사는 잔잔한 어조로 나의 증상에 대해 이것저것 물었다. 그리곤 이런저런 질문 끝에 먼저 약을 처방해주었다. 조그만 알약 몇 개에 영원할 것 같던 통증이 서서히 가라앉았다. 여의사는 이상 반응이 나타나면 투약을 중단하고 바로 내원하라 했으나 이상이 없었다. 다음 날도 그다음 날도 약을 먹는 횟수에 따라 통증은 내 앞에서 무렵히 고개를 숙였다. 통증만 사라진다면 어떤 것도 감수하겠다던 마음은 차츰 바뀌고 창문 너머 가로등에도 무관심해졌다.

그러니까 통증의 이유가 내 혈관의 기본적인 면역 체계가 교란되었기 때문이란다. 나를 지켜야 할 면역 세포가 되려 나를 공격하고 있다는 것인데, 질투와 이기와 경쟁으로 나를 얽어맨 세월이 얼마인가. 나를 위하는 일이 결국 나를 해치는 일이라는 걸 부지불식간 깨닫는다.

여의사를 바라본다. 얼마나 많은 사람들이 이 의사의 진료를 받고 있을까. 내 나이 정도 되었음직한 의사의 표정은 내 사정과는 다르게 서글서글하다. 덩달아 무거운 짐이 가벼워진 듯도 하다. 멍하니 바라보고 있는 나를 향해 의사는 재촉하듯 다음 방문 일자를 간호사와 의논하라며 컴퓨터 모니터로 눈길을 돌린다. 나오는 길, 대기실의 환자들 중에는 젊은이들이 생각보다 많았는데 그들도 나처럼 평생 그녀를 대면하며 살아야 할까. 현기증이 인다. 그나마 일찍 발견되어 다행이라는 그녀의 목소리가 현기증을 부축한다.

출구에서 손소독제를 바른 뒤 대학병원을 빠져나온다. 잔디밭 가상 벤치에 환자들이 띄엄띄엄 거리를 두고 앉아 있다. 마스크를 하고 링거 줄을 매단 채 볕바라기를 하고 있는 그들 뒤로 산수유꽃이 은은하다.

어디든 들어가는 문이 있으면 나오는 문이 있게 마련이라지만 생은 때때로 내 면역 체계처럼 미로를 만들어 놓는 것 같다. 그 미로에서 길 하나를 찾았다고 해서 또 다른 미궁이 다가오지 않으리란 법은 없을 터, 오늘은 창밖 가로등과 계절에 따라 오고가는 가로등 주변의 생명들과 눈맞춤을 해야겠다.

의사는 원인도 완치도 어려운 불치의 병이라지만 어쩌면 병리학적 면역 체계의 교란은 내 마음의 병에서 비롯되었지 싶다. 사실 마음의 통증이야말로 다이달로스가 만든 미궁처럼 오리무중의 미궁이 아니던가. 좀 낯설고 거리가 있는 결론으로 마무리하는 카프카의 문학이 답을 제시하지 않은 이유도 이 때문이지 싶다. 그러고 보면 통증은 원망의 대상이거나 소멸의 대상만은 아니지 싶다. 집으로 가는 길, 산수유 노란 음영이 뒤따르는 듯하다. 아리아드네의 실타래를 숨기고서.

웃음에 대하여

 영화 속 인물들의 대화가 인상적이다. 그리스도는 한 번도 웃지 않으셨다는 한 사제의 말에 또 다른 사제가 웃음은 목욕처럼 좋은 치료제며 삶의 균형을 맞춰준다고 반박한다. 그러자 예의 그 사제는 웃음이 인간의 온몸을 흔들게 하고 인간의 얼굴을 뒤틀리게 해서 원숭이처럼 만든다며 웃음에 대한 비판의 날을 높인다. 상대는 원숭이는 웃지 않으며, 웃음은 인간의 특징으로 이성의 상징이라고 재차 맞선다.
 움베르토 에코 원작《장미의 이름》을 영화화한 것인데, 그들의 대사가 예사롭지 않다. 간혹 만나면 우스갯소리로 너스레를 떨기도 하는 지인이 근자에 웃음을 잃어버린 것은 아니냐는 말을 농담인 듯 진담인 듯 흘렸었다. 당시는 모르는 척 헛웃음으로 넘기고 말았으나 시간이 흐른 오늘 영화 속 대사를 통해 복기해보는 것인데, 웃음은 무의식의 심층을 흐르다 의식 표면으로 드러나는 것이지 싶다.

영화는 중세의 종단 간 논쟁에서 비롯된다. 프란체스코 교단과 교황 추기경 교단의 첨예한 대립을 보여주는데, 프란체스코 교단은 웃음에 대해 긍정적인 인식에 닿아 있다면 추기경 교단은 부정적이다.

수도원에서 일어난 연쇄살인 사건을 배경으로 한 영화는 시종 긴장감을 유발한다. 이는 에피소드 형식으로 이어지는 대하소설의 느낌을 가진 영화에서 눈을 뗄 수 없는 요소이기도 하다. 지식이 사람을 타락시킨다고 믿어 특정 도서를 금서로 지정하고 모든 책을 불태워버리는, 수도원장. 그의 지성에 반하는 행위에선 진시황의 분서갱유가 오버랩된다.

권력을 향한 인간 심리와 의식이 동서양을 막론한다는 것은 차치하고 종교적 입장을 망각한 장면을 생각하면 쓴웃음이 나오기도 한다. 지식을 통해 지혜에 이를 수 있거늘 영화 속 중세는 지식을 타락의 주범으로 인식한다.

어쨌거나 비장미를 내세우던 중세는 골계미에 대한 배격이 극에 달했다. 때문에 영화 속 사제들 역시 예수는 희극이나 우화를 통해서가 아니라 오직 비유로만 말했으며 선함은 절대로 조소의 대상이 아니라고 했다. 누군들 선함을 비웃을까. 선함을 가장한 선함에 대한 비웃음일 것이다.

그러나 익살스러운 농담이나 해학을 배면한 유머는 비장함과는 거리가 먼 언어유희로 지적 활동이다. 혹자는 유머가 관찰에서 비롯된다 하고 혹자는 농담이 무장 해제시키는 힘이 있다고 한다. 이러한 말속에는 관계의 삶이 들어 있다. 유머는 사람과 사람 사이의 관계를 유연하게 하는 힘이 있다는 것이다. 더하여 유머와 재담은 아이러니와 역설을 내장한다. 마당놀이 봉산탈춤 6과장 양반춤에서 말뚝이의 유머는 그 시대 양반의 위선과 허세를 비판적으로 드러내는 수단이지 않은가. 시대의 단면을 우회하여 해학적으로 비판한 탈춤은 현대적으로도 재해석되어 얼마든지 재연되는 이유일 것이다. 그러니까 유머는 언어로 시작해 언어로 맺는 시대 비판의 언어 미학이다.

문득 베르나르 베르베르의 소설 《웃음》에서 우두머리에 관한 유머가 스친다. 사람의 몸이 창조되었을 때 인체의 각 부분들이 서로 대장이 되겠다고 한마디씩 하는데, 뇌부터 발까지 각기 저마다의 기능을 강조하며 대장 자리를 탐한다. 마지막으로 똥구멍도 대장 자리를 차지해야겠다고 하자 모두들 한낱 똥구멍 주제에 대장을 하겠다고 나선다며 비웃는다. 이에 똥구멍이 제 일을 하지 않기로 마음먹고 잔뜩 오므리자 이내 뇌는 열에 들뜨고, 눈은 흐릿해지고, 발은 걷기가 힘들어진다. 모든 신체의 기능들이 흐느적거리게 되고 난 후 결국 똥구멍이 대장 자리를 차지한다. 권력의 상층인 우두머리들이 그렇듯 똥구멍은 똥내 나는 골칫거리들을 해결하느라 여념이 없다는 이야기다.

  농담인 양 웃음을 잃어버린 것이냐 묻던 지인의 말에 의하면 나의 내면에는 웃음이 부재한 게 아니며 있었음을 전제한다. 잃어버린 것이든 잊어버린 것이든 웃음에 관한 인간의 인식이 시대마다 달리 적용된 것은 시대에 투영된 가치나 이념에 의해서일 것이라는 생각을 하며, 다시 플레이 버튼을 누른다. 화면에 베르나르의 유머가 중첩된다.

기억의 곡면

　금방이라도 진눈깨비를 뿌릴 듯한 하늘이다. 사무실에 있을 때는 바람 한 점 없는 것 같던 바깥 바람결이 제법 쌀쌀하다. 옷깃을 파고드는 어스름을 피해 길 건너 붕어빵집에 든다.
　목련 나무에 의지한 붉은 포장 안쪽에는 벌써 두 사람의 중년 남자가 차례를 기다리고 있다. 어서 오라는 듯 고갯짓을 한 주인 여자가 내 주문을 받으며 붕어빵을 꺼내 철제 받침대에 올린다. 오십 대 후반쯤 되어 보이는 얼굴에 짙은 화장을 하고 있다. 노란 주전자에 든 반죽을 빵틀에 붓는 손동작이 리드미컬하다. 팥 고명을 붕어의 내장처럼 넣은 다음 다시 반죽을 골고루 붓고 붕어 문양의 뚜껑을 닫는 솜씨가 예사롭지 않다. 물이 아닌 불에서 사는 붕어. 살다 보면 때로는 모순 때문에 웃기도 하고 울기도 하는 것 같다. 오래전 가까이 지냈던 경숙* 씨, 그녀가 그랬었다. 지금은 어디서 어떻게 살고 있는지 알 수 없지만 오늘처럼 붕어빵 앞에 서면 그녀가 떠오르곤 한다.

내 굴풋함 때문일까, 주인의 손놀림에 비해 빵틀이 더디 돌아가는 것 같다. 조급함을 알아차리기라도 한 듯 주인이 내 몫도 금방 나온다며 먼저 온 사람 몫의 붕어빵을 봉투에 담는다. 먼 기억 속 그녀는 지금 내 앞에서 빨간 루주를 바르고 붕어빵을 굽는 저 여인과는 달랐다. 경숙 씨의 손동작은 어설펐다. 그런 탓인지 그녀의 손엔 늘 덴 상처가 많았다. 빵틀을 돌리는 동작도 어색했고 익었는지 여부를 가늠하지 못해 뚜껑을 열고, 닫기를 반복했었다.

처음부터 그녀가 붕어빵 장수를 한 것은 아니었다. 조그만 시골로 이사 온 그녀는 이듬해 결혼을 했다. 읍내에서 좀 벗어난 곳에 새로 생긴 양계업체에서 일하는 남편을 내조하며 그럭저럭 평범한 삶을 살았다. 그러나 신혼의 설렘은 그리 길지 않았던 것 같다. 늦은 나이의 결혼이어서 더 특별했을 신혼의 단꿈이 채 가시기도 전에 남편은 직업을 잃었다. 스스로 퇴사를 한 것인지 쫓겨난 것인지는 알 수 없지만 그때부터 그녀는 마트 계산원과 식당 주방 일을 전전하다가 급기야 붕어빵을 굽기 시작했다.

단속 때문이었을까. 그녀의 붕어빵 리어카는 사람들의 왕래가 뜸한 곳에 자리를 잡고 있었다. 그래서였는지 그녀의 붕어빵집에는 손님의 발길도 뜸했다. 늦은 시간까지 천막 안 꼬마전구를 통해 비친 그림자는 달랑 그녀뿐이었다. 나는 그런 그녀가 창피해할까 봐 퇴근길 붕어빵 천막 근처에 다다르면 재바른 걸음으로 도망치듯 지나치곤 했다. 그러던 어느 날 그녀가 기다리기라도 한 듯 포장을 들추고 나오더니 따뜻한 어묵 국물이라도 먹고 가라며 이끌었다. 무슨 소문이라도 듣고 나에게 따지려는 것은 아닌지 머뭇거렸다. 재차 소매를 잡아 이끄는 그녀의 청을 거절하지 못하고 나는 태연한 척 포장 안에 들었다. 어김없이 철제 받침대 위엔 팔리지 못한 붕어빵들이 빵틀처럼 굳어 있었고 주전자 옆면엔 흘러내린 반죽이 말라붙어있었다. 며칠 전보다 야윈 것 같은 그녀의 눈동자는 퀭했다.

　소문을 들었을 때만 해도 설마 했었다. 무슨 말인지를 하려다가 멈추고는 딴전 부리듯 통통 불은 어묵 그릇을 내 앞으로 밀어놓았다. 그녀는 여전히 나와 시선을 마주치려 하지 않았다. 어려움 속에서도 미소를 잃지 않으려던 평소의 의지는 찾을 수 없었다. 한동안의 침묵을 가르고 그녀가 하소하듯 입을 열었다. 자신의 과거사를 주변에서 수군거릴 땐 어디론가 도망이라도 가고 싶다고 했다. 남편 역시도 어디서 들었는지 술만 먹으면 그녀의 과거사를 들추며 폭언을 일삼는다며 말끝을 흐렸다. 이미 들었던 소문이라서 나는 무덤덤하게 듣고 있었다. 아니 어떤 위로도 할 수 없었는지 모른다. 어쩌다 한동네에 살게 되어 인연이 된 그녀의 안경 너머에 눈물이 맺혔는지 손가락을 안경 사이로 넣어 눈물을 찍어냈다. 길지 않은 시간 동안의 침묵은 말 없음의 있음이었다. 훌쩍거리던 그녀가 말을 이었다. 남편의 폭언과 폭력보다도 주변 사람들의 말이 더 화살 같았다며 말끝을 흐렸다. 사실이 그랬다. 손바닥만 한 시골 읍내에서 그녀의 과거사에 대해 흘려들은 것만도 여러 번이었다. 잊을만하면 그녀의 과거사가 어디선가 흘러나왔고 진원지를 알 수 없는 말들이 그녀를 괴롭혔다.

골목 귀퉁이에 오래된 이끼처럼 붙어 있던 그녀의 붕어빵 리어카가 보이지 않은 것은 그로부터 얼마 지나지 않아서였다. 나무들이 창녀처럼 여러 번 옷을 바꿔 입고 그녀에 대한 기억도 점점 희미해져 갈 무렵, 어느 전시회 사진 한 장에 시선을 빼앗긴 적이 있다. 여자의 절규엔 아랑곳없이 검은 잠바에 빨간 모자를 쓴 남자들이 집장촌 건물을 부수는 사진이었다. 그녀의 삶이 또다시 어디선가 폭력을 온몸으로 받아내며 살고 있지는 않은 것인지 사진에서 쉬이 눈을 뗄 수가 없었다.

두 번째 순서를 기다리던 사람의 봉투에 붕어빵이 한가득 담긴다. 누구와 마주하려는 것인지 붕어빵을 품속에 안고 천막을 벗어난다. 걷어 올려진 포장 안으로 짓이겨진 목련 이파리 하나가 바람을 등지고 들어온다. 삶의 질곡을 에돌아 작은 소읍에 정착했으나 뭇사람들의 시선을 견디지 못하고 떠난 그녀, 오늘처럼 목련이 바람을 탈 때면 그녀가 안쓰럽게 생각난다. 내 말 한마디가 누군가에게는 폭풍이 될 수 있다는 것을 몸소 깨닫게 한 그녀에게 마음의 편지를 쓰고 싶다.

뫼비우스의 띠처럼 살아가는 일도 상승과 하강의 연쇄 과정이듯 이제 그녀의 삶의 곡면에도 봄볕이 깃들었으면 좋겠다. 주인이 건넨 붕어빵 봉지를 받아들고 나선다. 길가 목련잎들이 기억의 곡선을 그리며 바람 속으로 사라진다. 받아든 붕어빵에 자꾸만 그녀의 모습이 겹쳐진다.

*개인정보 차원에서 본명이 아닌 가명임을 밝힘.

제3부
세한도

아름다운 그늘

그늘에 선다. 어릴 적, 뒷산 솔숲은 놀이터였다. 그곳엔 자연 그대로의 놀이감이 지천이었다. 산새들 노랫소리 맞춰 고무줄놀이, 팔강을 하다 보면 옷은 땀으로 흥건했다. 솔바람은 소리 없이 내려와 젖은 옷을 말려주었고, 놀이에 빠진 우리는 밥 짓는 연기가 언덕을 넘어올 때쯤에야 허기를 느끼곤 했다.

햇살처럼 여물어가던 어느 날, 아름드리 소나무 아래서 놀고 있을 때 아버지는 굵은 동아줄을 들고 우리들 곁으로 다가오셨다. 평소 과묵하셨으나 자식 사랑이 남달랐던 아버지가 소나무에 그네를 매다는 동안 친구들은 부러운 눈으로 나를 바라보았다. 그런 친구들과 달리 아버지의 갑작스런 등장에 내

가슴은 두근거려 눈을 뜰 수 없었다. 몇 번의 손길이 오가고 이마에 땀방울이 맺힐 때쯤 그네가 완성되었다. 큰 소나무 같은 너른 그늘을 간직한 아버지. 평생 자식들을 위해 삭아짐을 마다하지 않은 삶이었다.

노동을 팔아 어린 딸들을 위해 골랐을 꽃무늬 원피스. 그네를 탈 때면 항상 그 옷을 입고 언니와 그네를 탔다. 꿈이 그네에 실려 구름을 향해 치올랐고, 아버지처럼 자상한 햇볕도 우리와 함께 그네를 탔다. 하늘에 닿을 것 같았던 쪽빛 꿈. 그때의 그림들은 내 가슴 속에 액자처럼 남아 먼 길 갈 때 꺼내 볼 수 있는 시집이 되었다.

여남은 살 무렵, 솔숲과 그네를 남겨둔 채 읍내로 이사를 했다. 어린 내게 읍내는 크고 화려한 도시였다. 전학 가서 처음 만났던 친구들과 선생님에 대한 느낌은 차가운 벽을 기대고 선 느낌이었다. 낯선 환경에 쉽게 적응하지 못하는 내성적인 성격 때문이었는데 이후 잦은 전학은 성격을 바꿔 놓았다. 하지만 어디를 가든 마음은 항상 솔숲에 있었다.

1930년대 생, 아버지는 결혼할 당시, 말 그대로 숟가락 한 개 달랑 들고 어머니를 만났다 했다. 언젠가 사진 한 장이 눈에 띄었다. 부모님의 약혼 사진이었다. 성인이 된 후 젊은 엄마와 아빠에 대한 기억을 떠올릴 수 있는 사진 한 장 없다는 것을 아쉬워하던 차에 발견한 사진이 반가웠다. 그때 그 사진이 어떤 경로로 내 눈에 띄었는지는 지금도 알 길이 없다.

힘든 시절, 올망졸망 태어난 육 남매는 일 나가신 아버지가 언제 오실까, 마루에서 대문만 뚫어지게 바라보았다. 아버지에 대한 반가움보다는 손에 들려진 것에 더 관심이 있었기 때문이었다. 집 주위를 빙 둘러 탱자나무가 둘러쳐져 있었고 대문 옆 살구나무 복숭아나무가 간식거리를 주었지만 아버지의 땀이 묻은 알사탕이 더 좋았다.

점점 자라 학교에 갈 나이가 되자 아버지의 어깨는 더 무거워졌고 알사탕을 먹는 횟수는 차츰 줄어만 갔다. 읍내로 이사를 왔으나 여전히 사는 것은 힘들었다. 가까운 정미소에서 방아 찧는 날이면 어머니는 뱁쩨를 담아오셨다. 땔감이 부족한 때라서 왕겨로 불을 땔 요량이었는데 가져온 왕겨에 습기가 차 있으면 불을 붙이는 일은 여간 어려운 게 아니었다. 경험이 부족한 나는 눈물 콧물 범벅이 되고서야 불을 지필 수 있었는데 중요한 것은 풀무질이었다. 조금만 세게 돌려도 구멍이 나 불이 모아지지 않았고 약한 바람에는 연기만 났다. 그럴 때마다 어머니는 안 보는 척 나를 보곤 했다. 지금 생각하면 살아가는 법을 알게 하려는 어머니의 교육 방법이었지 싶다.

그때의 내 나이만큼 자란 아들의 손을 잡고 가까운 공원에 간다. 아들은 그곳에 있는 그네를 밀어달라고 조른다. 순간, 나는 아들에게 아버지처럼 넉넉한 마음의 그네를 만들어준 적이 있었는지 생각해본다.

　삭을 대로 삭아져 곰삭으면 부모님의 그림자만큼 깊어질까. 지금도 자식을 위해 피골이 상접한 삭정이까지도 태워 불을 지펴 주려는 아버지. 허리가 휜 아버지를 보면 가슴이 먹먹해진다. 빈 가지 같은 몸이지만 자식을 품어 주는 아버지 그늘이 깊다.

아버지의 호박죽

 베란다 창으로 드는 볕이 몽글다. 볕이 드는 방향으로 화초들의 잎이 더 무성하고 키도 한 자는 더 큰 것 같다. 사랑초, 베고니아, 군자란 차례로 물을 주다가 베고니아 분 옆에 덩그러니 놓인 늙은 호박에 눈이 간다.
 엊그제 아버지가 트렁크에 실어준 것을 베란다에 옮겨놓고는 잊고 있었다. 이대로 두면 상할지도 모른다는 생각에 호박을 물끄러미 바라보면서 오늘의 일정을 되짚어본다. 별다른 계획이 없다. 더 망설일 이유가 없는데도 나는 선뜻 결정을 내리지 못하고 미적댄다. 한참을 망설이다가 휴대폰 검색창에 '호박죽'을 친다. 레시피와 함께 사진이 여러 장 뜬다. 상단의 글을 클릭하자 호박죽 쑤는 과정이 상세하게 설명되어 있다.

　아버지는 내가 호박죽 정도는 쑬 줄 아셨을 테지만 나는 결혼 전은 물론이고 결혼 후에도 어머니가 쑤어준 것만 먹어봤을 뿐 한 번도 시도한 적이 없다. 핑계 같지만 객지 생활을 많이 한 탓에 어머니에게 요리를 배울 시간이 없었다. 직장에 다닌다는 핑계로 게으름을 피우면 어머니는 밑반찬이며 이런저런 음식을 내가 출근하고 없는 사이 냉장고에 채워놓곤 하셨다. 친정 가까이 산다는 특혜였다.

　함께 한 시간보다 떨어져 있던 시간이 많았던 나에게 어머니는 어쩌면 당신이 손수 만든 음식을 주고 싶었을 것이다. 하지만 그 기간은 그리 길지 않았다. 이젠 냉장고가 비어도 어머니의 찬이 채워질 수 없다. 내가 결혼하고 일 년이 채 되지 않아 폐암을 판정받은 어머니는 병원에서 끝내 집으로 돌아오지 못하셨다.

　호박은 보기보다 무거웠다. 레시피에 나온 대로 먼저 호박 껍질을 숟가락으로 긁었다. 거북등처럼 딱딱해서 잘 벗겨지지 않았다. 어머니가 돌아가시고 몇 번인가 아버지가 좋아하시는 호박죽 쑤기에 도전해볼까도 생각했으나 엄두가 나지 않아 생각을 접곤 했었다. 아버지가 부러 차에 실어준 것은 아마도 어머니가 쑤어주시던 호박죽이 생각나서였을 것인데, 어머니와 같은 맛을 낼 수 있을지 자신이 없다.

호박을 주방에서 거실로 옮기고 비슷한 눈높이로 바라보니 아버지 성품처럼 동글동글한 선 때문인지 편안해진다. 거실에 앉아 껍질 벗기는 쉬운 방법을 다시 검색한다. 곡면을 따라 홈이 파인 부분에 칼집을 내어 반으로 가른 후 몇 등분해서 껍질을 벗기면 수월하다는 정보가 눈에 띈다.

단단함 때문에 칼이 잘 들어가지 않는다. 가까스로 자른 호박 속에는 노랗다 못해 붉은 줄기들이 얼키설키 뒤엉켜 있다. 자세히 들여다보니 그 속엔 나름의 질서가 자리하고 있는 것 같다. 한쪽 끝에서 한쪽 끝으로 이어진 줄기들, 그 사이사이에 호박씨를 매달고 있다. 호박 속을 한참을 들여다본다. 다른 세상이 말을 건네는 것 같다. 살아가면서 대상의 외면만이 아닌 내면도 헤아려야 한다는 생각이 스친다. 씨앗 하나가 발아하여 칠팔월 땡볕과 태풍을 이겨내고 가을을 응축한 그 위대함 앞에서 한없이 작아진다.

때론 지붕 끝머리에 위태롭게 매달리기도 하고 어느 땐 돌자갈 위에서 견디는 것은 자신의 몸 안에 품고 있는 씨앗 때문일 것이라는 생각에 마음이 닿는다. 생각이 거기에 닿자 아버지의 삶이 얼비친다. 아버지는 우리 육 남매를 그렇게 품으셨다. 일찍 돌아가신 어머니의 빈자리를 메우시려는 듯 아버지의 삶은 호박 겉껍질처럼 단단해지셨다. 그리곤 당신의 가슴에서 나오는 말들은 호박 속처럼 한없이 부드러우셨다.

아버지의 등을 긁어드리듯 정성으로 껍질을 긁는다. 아까보다는 한결 수월하다. 편히 앉은 자세 때문이기도 하겠으나 아마도 일체유심조 때문이리. 호박을 삶는 과정과 본격적으로 죽이 되는 과정을 다시 검색한다. 맛이 있고 없고를 떠나 바라기는 입맛을 잃지 않고 어머니의 맛을 기억하시어 다른 맛이라고 평가하시길 바랄 뿐이다. 그러나 구순을 넘은 아버지의 입맛은 그렇지 않을 것 같다. 마음은 호박죽을 들고 벌써 아버지의 집에 가 있다.

조율

사거리 신호등 앞, 노인의 허리가 땡볕을 끌고 간다. 노인의 수레에 얹힌 폐지 몇 묶음, 그 무게 때문인지 건널목이 한없이 멀다. 아버지도 저만큼의 힘은 남아 있을 듯도 하여 휴대 전화를 켠다. 허공을 건너 들려오는 목소리가 예전 같지 않다.

평소 한갓지던 아버지의 집이 어머니 기일을 맞아 명절인 양 부산한 날이었다. 거실을 메웠던 기름 냄새와 오랜만에 만난 가족들의 담소가 현관 문턱을 넘어 공터까지 뻗어나갔다. 어둠이 찾아오면 윗목에 덩그러니 놓인 틀니 같던 아버지의 외롬도 그날만은 저만치 물러앉았다.

해마다 기일이면 양복을 입었던 아버지가 그날은 여느 때와 다르게 한복을 입고 제상 차리는 걸 물끄러미 바라보고 있었다. 외로웠던 기억처럼 제기에 차곡차곡 음식이 담기는 동안 아버지는 입을 굳게 다무셨다.

아버지가 먼저 향을 피우고 술을 따랐다. 들쭉날쭉 한자리에 모인 가족사진처럼 우리들은 아버지의 등 뒤에 반원으로 둘러서서 예를 갖춘 침묵을 바라보고 있었다. 오늘이 스물다섯 해째 맞은 기일이라며 입을 연 아버지는 오빠에게도 잔을 올리라며 쉰 목소리로 재촉했다. 마치 자식들과 함께 지내는 마지막 기일인 것처럼. 그래선지 의식이 예전과는 다르게 무거웠다. 제상 위에 놓인 위패의 글자들도 생전의 어머니처럼 말이 없었다.

요즘은 제사가 간소화되는 추세이지만, 유가적 예가 몸에 밴 1933년생 아버지에게 제례는 오래된 습속 같은 것인지도 모른다. 그래선지 어머니의 기일이면 아버지는 의관을 정제하고 손수 지방을 쓴다. 어쩌면 환갑을 채 넘기지 못하고 돌아가신 어머니에 대한 미안함과 그리움을 위패에 적는 것일 터이다.《벤저민 버튼의 시간은 거꾸로 간다》는 영화에서처럼은 아닐지라도 남은 생을 즐기며 젊게 사시기를 바랐다. 그러나 아버지는 당신의 굽은 허리에서 뼈 소리가 나도록 일거리를 놓지 않았다.

영화 속 시계공이 전쟁터에서 싸늘한 시신으로 돌아온 아들의 시간을 되돌리기 위해 거꾸로 가는 시계를 제작한다는 도입의 상징적 장면도 인상적이지만 그 시계가 기차역에 걸릴 때는 아버지 집의 고장 난 벽시계와 겹쳐졌다. 뿐만 아니라 주름투성이 늙은 아이로 태어난 주인공이 어린아이로 변해가며 죽음에 이른다는 시간의 변이에 대한 이야기가 내내 환상을 넘어 실재처럼 다가왔다. 아마도 시간의 불가역성에 대한 인간 욕망과 상호작용하는 관계의 시간이 의식의 줄을 팽팽하게 당겼기 때문이리라.

벤저민 버튼의 거꾸로 가는 시간도 땡볕 아래 수레를 끄는 노인의 시간도, 그리고 아버지의 시간도 종내는 죽음을 향한 조율이다. 자식의 입장에서는 안타까울 따름인, 그 유한한 시간은 우리를 어디로 데려갈지 알 수 없으나 자식이 부모를 염려하고 부모가 자식을 눈에 넣는 것은 조율을 넘어 천륜이다. 신화 속 크로노스의 시간이든 카이로스의 시간이든 행복을 위한 생의 조율인 것처럼 늦으나마 아버지의 나머지 삶도 조율을 통해 행복해졌으면 싶다.

건널목의 시간을 조율하던 노인의 수레가 가로수 그늘에 든다. 우는 법을 아는 게 생의 비법이라는 듯 매미 울음소리 깊어진다. 고독이 에워싼 오랜 유폐의 시간을 건너온 매미는 언제쯤 가을과 겨울에 가 닿을 수 있을까. 환시처럼 하오가 유유히 흘러간다. 세월의 브레이크에서 발을 뗀다.

모자를 고르는 일처럼

 모자를 쓴 사람이 저만치 앉아 있다. 살랑 이는 바람에도 그가 흔들리는 것 같다. 쓰려지려나. 앙상한 나뭇가지 같은 그가 어깨를 들썩이자 나는 눈을 뗄 수 없었다. 그를 보며 나는 십여 년 전 어느 날로 건너갔다.

 항암치료의 고통으로 인해 머리가 빠진 모습으로 내 손에 의지해 외출을 하던 날, 어머니는 멋쩍은 미소를 지으며 자꾸 머리를 만지곤 했다.

 "아가, 모자가 이상하지?"

 "아니요, 엄만 두상이 예뻐서 아무 모자나 잘 어울려요."

 내가 그렇게 말씀드려도 어머니가 모자를 고를 때는 참으로 진지하고 신중했다. 이 모자 저 모자를 만지는 모습에서 폐암의 고통도 잊은 듯했다. 어머니가 자신을 위해 무언가를 고르는 모습을 본 것은 그때가 처음이자 마지막이었다.

어머니가 모자를 고르는 일에 그토록 신중했듯 죽음도 선택하는 일이라면 얼마나 좋을까. 아니, 선택의 영역을 벗어나 그저 일상이라면 어떨까.

사랑하는 사람이 내 곁에서 영원히 떠나지 않을 거라는 믿음을 가진 적이 있었다. 다른 사람은 죽어도 내가 사랑하는 사람은 죽지 않을 것이라는 이러한 믿음은 어디에서 생긴 것일까. 그러한 믿음이란 참으로 어리석어 보이지만, 한편으론 그처럼 순수한 믿음도 없는 것 같다. 마치 어린아이가 제 어머니의 영생을 저절로 믿고 있는 것과 같으니까.

그러나 맑은 물 한 컵을 물들이는 것은 한 방울의 물감으로도 충분하듯 나의 그러한 믿음이 탁해지는 데는 그리 오랜 시간이 걸리지 않았다.

내게서 순수했던 믿음이 사라지자 삶과 죽음은 떼어 놓을 수 없는 일이라는 것을 알게 되었다. 강물이 흐르는 일처럼 삶과 죽음이 함께 흘러가고 있다. 어머니가 신중하게 모자를 고르는 일이 한 방울의 물이며 그 물방울이 생이 되고 다시 죽음으로 흘러간 것이다.

폐암 선고를 받고 1년 만에 돌아가신 어머니와의 이별을 가족들은 망연자실한 상태에서 받아들여야 했다. 우리는 각자 처한 상황에서 각자의 나이만큼 각자의 슬픔을 안고, 살아생전 효를 다하지 못한 것을 아파했다.

준비 없는 이별. 사랑하는 이가 존재하지 않는 삶의 빈 공간을 어찌하나. 어머니는 암 투병 중에 뇌출혈까지 겹쳐 정신이 맑은 상태에서 떠나지 못했다. 어머니가 맑은 정신으로 계실 때, 왜 좀 더 많은 대화를 나누지 못했는지…. 남아 있는 사람이 떠나는 사람의 발목을 잡고 우는 것은 어쩌면 이 공백감 때문인지도 모른다. 떠나는 사람은 이미 무념무상 세계의 존재지만 남겨진 자의 슬픔은 자기의 일부를 잃어버린 아픔 때문에 커다래진다.

일제강점기에 태어나 고난의 한국사, 그 중심에서 살았던 어머니. 그 시대에 태어난 대부분의 어머니들이 그렇듯 자신의 삶보다 가족 우선의 삶을 사신 어머니. 하루 24시간의 희생으로도 모자라 25시간을 살다 가셨다. 그런 어머니의 영면이 헛되지 않다, 헛되지 않다, 되뇌면서도 어머니의 삶이 애달팠다. 그것은 삶과 죽음이 하나라는 생각을 하지 못하고 생과 사의 사이에 굵은 선을 긋고 넘을 수 없는 강으로 생각했기 때문이다. 생사란 단절이며 영원한 이별이라 생각하니 죽음은 두려움의 원천이 되었고 그로 인한 죽음에 대한 공포는 오래갔다. 그러나 죽음이 모자를 선택하는 일처럼 일상적인 일이라는 사실을 인식하고 나서부터는 죽음은 두려움도 공포의 대상도 아니었다. 그것은 맞이해야 할 일이고 준비해야 할 일인 것이다.

태어남과 동시에 죽음으로 향하고 있지만 대개는 그것을 느끼지 못하고 살아간다. 지혜로운 사람은 누가 죽었다는 말만 들어도, 자신에게도 곧 죽음이 닥칠 것을 알지만, 대개의 사람들은 상여를 보고, 가족의 죽음을 보고, 그리고 자신의 죽음이 임박해서야 그것을 안다고 한다. 가장 어리석은 사람은 날숨을 내쉬지 못하는 순간에도 자기가 죽는 것을 모른단다.

그날 어머니는 시장에서 모자를 고르면서 무엇을 생각했을까…. 내 손을 잡고 돌아오는 길이었다.

"아가, 하고 싶은 일 있거든 미루지 말고 하거라."

어머니는 자신에게 닥쳐온 현실이 모자 하나로는 덮을 수 없다는 사실을 아셨을까. 하고 싶은 일이 많았지만 뒤로 미룰 수밖에 없었던 시간들을 돌이켜보셨을까. 스치듯 말한 이 한마디에 딸에게 하고 싶은 모든 말을 담은 것일까. 어머니는 현실을 직시하고 수용했던 것이라 생각한다. 지혜와 실천의 미덕을 말이 아닌 행동으로 보여준 어머니의 삶. 어머니의 삶이 곧 유서임을 깨달았다.

나는 가장 사랑하는 사람과의 이별을 통해 죽음을 바라보았다. 그때서야 죽음의 실체를 생각했다. 그것이 멀리 있는 것이 아니고 가까이 있으면서 삶과 함께 걸어간다는 것을.

어디서나 모자를 쓰고 지나가는 사람을 볼 수 있다. 누구나 한 개쯤 가지고 있을 모자, 그 모자는 내게 어머니나 다름없다. 그러면서 내 죽음의 모자는 어떤 모양일까. 죽음을 바라보게 한다. 오늘도 나는 모자를 고르고 있다.

꽃잔

 모과 향 짙은 차를 따른다. 오둠지 둘레 여기저기 귀 나간 잔이다. 귀 모양의 손잡이에 두른 금박도 닳아져 흐릿해진 지 오래다. 잔도 나름의 세월을 덧입고 나이를 먹은 게다. 그래선지 유독 정겹다. 나와 함께한 시간의 결절 때문에 이물 없는 잔이기도 하지만 몇 안 되는 내 혼수품 중 하나로 어머니와 연결되어 있어서다.
 예나 지금이나 잘해도 못해도 구설 많은 것이 혼수이다 보니 내 혼인날을 잡아놓고 어머니의 근심은 깊어갔다. 그때를 생각하면 지금도 안방 문틈으로 새 나왔던 어머니의 한숨이 들리는 것 같다.

넉넉한 살림이 아니라는 것을 알기에 고대광실 번듯한 예물 예단은 생각할 수 없었다. 그러면서도 구색은 갖추어야 한다는 어머니의 말에 내심 눈치만 보고 있었다. 그런 나를 앞세우고 어머니가 향한 곳은 시장이었다. 지금이야 혼수용품 전문매장이 있지만 그때는 으레 시장 이곳저곳을 돌며 발품을 팔아야 했다. 어머니를 따라나서며 이불 한 채 숟가락 두 개면 족하다고 말을 하면서도 은근 기대가 되었다.

시장 한가운데로 난 길을 따라 들었을 때 한복집이 제일 먼저 눈에 들어왔다. 입어본 적 없을뿐더러 평소 거추장스럽게만 생각했었는데 입어 보고 싶은 충동이 일었다. 그런 내 생각은 아랑곳없이 어머니는 다닥다닥 붙어 있는 이불 집을 지나 그릇집 앞에서 걸음을 멈추었다.

대여섯 평 남짓한 가게였다. 미닫이문 옆으로 항아리와 자배기들이 줄지어 서 있었고 크고 작은 사기그릇들은 벽을 따라 포개져 있었다. 간판 페인트가 벗겨지고 묵은 때 낀 문손잡이의 허름한 외양치고 그릇 집 안에는 그릇들이 제법 다양했다. 묵은 조명을 받으며 선반에 진열된 유리그릇이며 찻잔들은 어느 영화에선가 봤던 것처럼 고급스러워 보이기까지 했다. 주인이 보여주는 모란 문양의 꽃잔은 특히 좋아 보였다. 숟가락 하나면 된다고 했던 마음은 어느새 찻잔에 기울어져 있었다. 어머니는 내 표정 때문인지 평소 물건을 고를 때처럼 요모조모

살피거나 망설이는 기색 없이 찻잔에다 신혼에 쓸 밥그릇이며 국그릇 등 긴하다 싶은 몇 가지를 더 구입했다.

방 한 칸에 부엌 하나가 딸린 신혼집에서 진홍 찻잔 세트는 가장 화사했다. 몇 번의 이사를 하면서 더러는 분실되고 깨져 버리기도 하면서 이제 남은 하나의 잔. 색감은 좀 흐릿해지고 보일 듯 말 듯 귀가 났지만 여태까지 쓰고 있는 찻잔을 볼 때마다 생전의 어머니께 미안한 마음이다. 부질없는 것인데 그때는 왜 그랬을까. 입으로는 안 사도 된다고 안 가져간다고 했지만 내심은 그러지 못했다.

잔의 전을 넘지 않을 만큼 차를 따른다. 모과 향, 더 깊어진다. 어머니는 모란의 상징이 화중왕이요 부귀영화라는 것을 알았을까. 어머니의 바람대로는 아니라도 그럭저럭 살아가는 지금 이제 꽃잔은 내게 기능의 현상으로만 머물러 있지 않다. 때로 그것은 어머니로 현시되기도 하고 모란의 기품을 품은 채 스스로 발화하는 대상으로 변신하기도 한다. 잔의 곡면을 따라 진홍의 모란이 피어 있고 겹겹의 꽃잎에 둘러싸인 노랑 꽃술에서는 어머니인 양 나비들이 날아오를 것만 같다.

어머니 생전에 나와 마주 앉아 차를 마신 기억이 없으니, 내일은 이 꽃잔 닮은 찻잔 하나 사서 마주 놓아야겠다.

영신당

　외가 동네에 들른다. 신작로에서 외할머니 집까지의 거리가 옛날에 비해 가깝게 느껴진다는 것과 마을 어귀 웅장했던 모정이 자그만 정자로 보인다는 것 말고는 유년의 기억 속 모습이 여기저기 남아 있다.
　어느 집에서 내놓은 것인지 길가 지푸라기 위에 말린 고사리나물과 조기 한 마리와 밥이 놓여 있다. 몇 걸음 더 지나자 녹슨 대문 앞 하얀 백지 위에 사과와 밤, 대추가 올려져 있다. 분명 망자를 위한 차림일 것인데 그는 어떤 주검이었을까.
　유년의 기억 속 어느 날인가, 학교를 파하고 찾은 할머니 집은 이전과 달랐다. 남루한 처마에 '영신당靈神堂'이라는 현판이 걸려 있었다. 말이 현판이지 판자에 옹이가 박혀 목재소에서 버린 땔감용 판자였다. 그런데도 할머니의 토방은 옆 동네 세도가 당호 못지않은 느낌이 들었다. 더 놀라운 것은 방에도 신당이 차려진 거였다. 울긋불긋한 색으로 가득한 신당은 호기심 반 두려움 반이었다. 그 한편에는 큰외삼촌의 사진과 위패가 놓여 있었다.

그 당시 나는 부모님이 일터에 나가면 자주 외할머니 집을 찾곤 했다. 앞마당에서 놀다 시들해지면 뒷마당으로 갔다. 나는 그곳이 좋았다. 뒤뜰 장독대 주위엔 철 따라 꽃들이 피고 지며 크고 작은 항아리와 함께 어우러져 있었다. 대숲이 뒷담 역할을 했었는데, 댓잎 부딪는 소리는 외할머니가 방울을 들거나 대나무를 들었을 때 내는 입소리 같기도 했다. 소식 없는 외삼촌을 기다리며 하는 혼잣말 같기도 했던 댓잎 사운대는 소리를 친구들은 무섭다고 했지만 나는 무덤덤했다.

특히 외할머니는 틈만 나면 신발을 닦았다. 하얀 고무신의 코는 날카로운 미늘 같았고 항상 반짝거렸다. 매사 정갈하셨던 할머니의 흰 고무신은 그렇게 코의 방향을 바꿔가며 섬돌에 가지런히 놓여 있었다. 나는 신발이 조금이라도 삐뚤어지면 으레 어른들이 말하는 신기가 떨어지는 줄 알았다. 그렇게 되면 굿판 끝 고기며 주전부리를 못 먹을까 할머니의 신발을 애써 반듯이 모아놓곤 했었다.

평소 잘 웃지 않는 외할머니는 마루에 멍하니 앉아 망부석처럼 한곳만을 바라볼 때가 많았다. 그럴 때면 아무도 그 근처에 가거나 방해하지 않았다. 물빛 한복을 입고 쪽진 흰머리에 은색 비녀를 꽂은 모습은 함부로 대할 수 없는 위엄이 있었다. 먼 곳을 한없이 바라보다가 간간이 걸레를 들어 마루를 문지르곤 하였는데, 그럴 때마다 할머니의 눈은 빨갛게 충혈되어 있었다. 아마도 군대에 가서 비명횡사한 큰외삼촌 때문이지 싶었다. 할머니 방에 걸려 있던 액자는 내가 태어나기도 전부터 걸어 놓은 외삼촌의 사진이라는 것을 나는 커가며 알게 되었다.

외할머니가 하얀 고무신을 더없이 정성껏 닦는 날은 마당에서 굿판이 벌어지기 전날이었다. 그런 날은 손수 대빗자루를 들고 마당 구석구석을 쓸었다. 다 쓸고 난 뒤엔 당신의 푸석해진 한을 가라앉히기라도 하려는 듯 푸우, 푸우 물을 뿜어 마당의 먼지를 가라앉혔다.

굿판이 열리면 마을 사람들이 하나둘 모여들기 시작했다. 외할머니는 과일이며 떡이 층층이 쌓여 있는 제사상 앞에서 알아들을 수 없는 말을 했다. 가끔은 성난 얼굴이었다가 갑자기 세상을 포기한 듯한 표정이 되어 눈물을 하염없이 흘리기도 했다. 그러다가도 펄쩍펄쩍 뛰었다. 지금 생각해보면 굿을 의뢰한 사람을 위한 접신(?)이기도 하였겠지만 한편으론 당신의 한을 풀어내는 의식이었지 싶다. 그것을 알 리 없었던 나는 늘 제사상의 음식에 마음이 가 있었다. 마을 사람들도 중돝은 될성싶은 돼지머리를 바라보면서 목울대를 움직이곤 했다. 먹을 게 귀했던 그 시절, 할머니가 춤을 추는 날에는 이웃 사람들과 고깃점을 나누는 잔칫날이었다. 한동안 할머니의 마당이 조용하면 너나없이 은근 굿판을 기다렸다.

잊을 만하면 의뢰인이 찾아왔고 외할머니는 또 마당에서 주문을 외웠다. 어떤 때는 외할머니가 무섭기도 했지만 일어서지도 못하던 사람이 일어서서 걸었던 기억은 지금도 이해할 수가 없다. 마을 사람들은 그런 외할머니를 용한 무당이라 했으며 젊은 나이에 죽은 외삼촌의 혼이 할머니에게 씌었다고 수군거렸다. 그렇든 저렇든 굿판 다음날이면 내 책가방 속에는 약과며 산자 같은 달달한 것들이 들어 있었기에 또래 친구들은 나를 은근 부러워하기도 했다.

그렇게 외할머니의 한이 굿판과 함께 노쇠해질 무렵 우리 집은 읍내로 이사를 나왔다. 그러나 외할머니는 죽는 날까지 당신의 마당을 떠나지 않았다. 우리 가족이 이사 나온 후 석삼년이 지날 즈음부터 외할머니는 시름시름 앓다가 결국 외할아버지 곁으로 가셨다.

허물어진 담 너머로 외할머니의 마당을 바라본다. 예나 지금이나 변함없이 제 자리를 지키고 있는 댓돌이 강아지풀에 가려져 있다. 외할머니의 한 같은 옹이 박힌 '靈神堂'은 간데없고 대못만 녹슨 채 박혀 있다. 처마에 박힌 못을 바라보며 마당에 한 발을 내딛는다. 바람이 분다. 강아지풀이 흔들린다. 하얀 고무신을 신은 할머니의 알아들을 수 없는 말이 들리는 것 같다.

씨앗이 김치가 되려면

　베란다 창가에 서서 등교하는 모습을 바라본다. 삼삼오오 걸어가는 아이들 틈에서 남색 잠바를 입은 아들을 발견한다. 앞 동 사는 친구라도 만난 듯 무언가 이야기를 하는 모습이 조금 전 현관에서 응석 부리며 미적거리던 것과는 다르다. 신호등이 푸른색으로 바뀌고 길을 건너는 아들에게서 시선을 거둔다. 현관문을 닫고 나서도 내내 따개비처럼 붙어 있던 걱정을 내려놓는다.
　초등학교에 입학한 지도 두어 달여가 지났건만 마음을 놓지 못하고 있다. 외동아들이라는 것도 있었지만 결혼 칠 년여 만에 얻은 탓에 남다른 것도 있었다. 한동안 아들은 집안의 경사였다. 내 사정을 잘 아는 지인은 그럴수록 더 냉정해야 한다고 따끔하게 일침을 놓았었다.

　귀한 자녀일수록 엄하고 험하게 키워야 한다는 지인의 말을 떠올리며 출근을 서두른다. 곡우를 지나 입하 즈음, 거리의 나뭇잎들은 한층 생기롭다. 이맘때면 유독 눈에 띄는 이팝나무에는 흰 꽃이 소복하다. 타원형 잎이 꽃을 받치고 있는 형상은 마치 그릇에 담긴 쌀밥 같다. 꽃잎이 흰 쌀밥의 낱알과 같다 하여 이밥나무라고도 불리는 이 꽃이 필 이즈음이면 태산보다 높다는 보릿고개 때라서 선조들은 이 꽃으로 허기를 달랬다고 한다. 벼 수확하기 전을 이르는 춘궁기라는 말이 젊은 우리에겐 다소 생소하지만 우리의 부모들에겐 그렇지 않다. 나 역시도 어릴 적 보리밥을 먹고 자랐다. 그러나 지금의 아이들은 더 좋은 음식도 먹지 않아서 탈이다. 오늘 아침만 해도 아들이 숟가락을 들고 깨작거려 실랑이를 했다.

　춘궁기에 선조들은 허기를 졸라맸지만 자녀들 교육에 맨 허리띠는 한없이 헐겁게 했다는 말을 자주 듣곤 했다. 내 부모 역시 그랬다. 육 남매의 교육에 당신들의 입은 늘 궁했다. 결혼 후 내가 하는 일에 이렇다 저렇다 간섭하지 않았다. 그런 아버지가 어느 날인가, "어린이는 스펀지와 같으니라. 잘 키워야 헌다." 낮게 말했다.

　언젠가 초등학교 앞 건널목에서 하교하는 학생들 틈에 끼어 신호를 기다리고 있었다. 아주머니 한 명이 다급한 일이라도 있는지 아이들이 보고 있는 앞에서 빨간 불을 보며 길을 건너갔다. 아이들의 수군거리는 소리가 들려왔다. 낯부끄러웠지만 나는 어른의 입장에서 무언가 해명이라도 해야 할 것 같았다. 이리저리 아이들의 눈치를 보다가 나는 입을 열었다. 저 아주머니가 다급한 일이 있는 것 같다며 설명을 했다. 듣고 있던 아이 중 한 명이 입을 삐쭉거렸다. 무안해진 걸음으로 파란 신호등을 아이들과 함께 건넜다. 가는 방향이 같았다.

골목으로 접어드는 곳에 다다랐을 때 아까 신호등을 어긴 여자가 자기 아들인 듯 이 아이들 또래의 아이를 혼내고 있었다. 급한 일이 있었나보다고 해명했던 나는 턱을 들어 허공을 바라보며 종종걸음으로 서둘러 지나갔다.

어떤 불치병자가 밤중에 아기를 낳고 불을 들어 살펴보았다는 이야기가 스쳤다. 불치병자가 급히 서두른 까닭은 아기가 자기를 닮았을까 두려워서였다고 한다. 집에 다다르는 동안 신호등에 서 있던 아이들에게 어른의 잘못된 모습을 두 번이나 보여준 게 자꾸 마음에 걸렸다.

평소 아버지의 말씀처럼 아이들은 스펀지 같아서 구정물을 주면 구정물이 나올 것이고 맑은 물을 주면 맑은 물이 나올 것은 자명할 터, 나는 아들을 잘 키우고 있는 것인지 고민스럽다. 그러나 한 가지 분명한 것은 아이들은 부모와 주변 환경에 영향을 받는다는 것이다. 오죽하면 맹모삼천지교라는 말이 있을까. 아들이 아무렇게나 벗어놓고 간 옷을 제 방 옷걸이에 걸어 놓는다. 목욕탕 신발을 들어갈 때 신기 좋게 방향을 돌려 가지런히 놓는다. 그리고 켄트지 한 장을 식탁에 올려놓고 큰 글씨로 한 자 한 자 써 내려간다. 유난히 김치를 싫어하는 아들을 위한 훈육 방법인 셈이다.

"씨앗이 김치가 되어 아들 밥상에 오려면 몇 단계를 거쳐야 하지?"

이소

　새들이 날아오른다. 수면을 차고 오르는 날갯짓에 허공이 길을 내준다. 아파트를 끼고 조성된 수변공원에는 산책 나온 사람들이 드문드문 길을 잇고 있다. 물오리들의 자맥질은 수면에 물굽이를 만들어내고 연지 건너 물기슭에는 백로가 깃을 접은 채 무심히 서 있다.
　공원 둘레 산책로를 따라 심은 매화나무에선 향기가 벙글고, 둔덕에서는 산수유 노란빛이 아련하다. 무연히 오가는 봄꽃들을 바라보며 걸음이 숙연해질 때였다.
　엄마, 저기 새 한 마리 떨어져 있어.
　수변을 걸으면서 이어폰에서 흘러나오는 음악에만 정신이

팔려있는 줄 알았는데 바닥에서 파닥거리는 새 한 마리가 눈에 들어왔던 모양이다. 잰걸음으로 아들이 가리키는 곳으로 다가갔다.

이제 막 돋기 시작한 봄 순 위에서 새 한 마리가 웅크린 채 떨고 있었다. 날개덮깃이 어설픈 직박구리 새끼였다. 우리를 보자 놀랐는지 온 힘을 다해 몇 미터 날아가다 풀섶에 고꾸라진다. 중심을 잡지 못한 어린 새가 어떻게 길바닥에 나앉게 되었는지 고개를 들어 느티나무를 살핀다. 아들도 나를 따라 목을 한껏 젖힌다. 금방이라도 날아갈 듯한 새털구름이 나뭇가지에 걸려 있다. 그 위쪽 휘어진 가지 사이로 자그마한 둥지가 보인다. 가지 위에 얼키설키 지어진 밥그릇만 한 새집이다. 몇 걸음 옮겨 다른 나무를 올려다봐도 어미 새는 보이지 않는다. 혹시 멀리서 새끼를 바라보고 있으면서 우리가 비키기만 기다릴지도 모른다는 생각에 아들과 나는 잠시 새끼로부터 멀리 떨어졌다.

어미 새에게 들킬세라 자세를 낮추고 쪼그려 앉았다. 직박구리는 파도를 타듯 허공을 가르는 모습이 인상적이고 유조라는 설명을 아들에게 해주며 수변 멀리에서 새끼 쪽을 바라보고 있었다. 직박구리에 대한 내 이야기를 평소와는 다르게 귀담아 듣는다. 전에 없이 아들의 귀가 쫑긋한 이유는 필경 바닥에 떨어진 새의 처지 때문일 터, 그렇게 한참을 기다려도 어미 새는 기척이 없다. 새끼의 울음소리가 수변공원에 가득해진다.

안절부절못하던 아들이 벌떡 일어나 새끼가 울고 있는 곳으로 달려간다. 힘을 모두 소진한 것인지 가까이 다가가도 아까와는 다르게 날아오르려 하지 않는다. 그러나 경계하는 듯 울음소리는 더 날카롭다. 쥐눈이콩만 한 눈에 불안이 가득하다. 몇 해 전 수변공원이 있는 이곳으로 이사 왔을 때 아들의 눈빛도 이 직박구리 새끼 새처럼 두려움이 가득했다.

제 태어난 고향과 친구들을 두고 낯선 이곳으로 서둘러 이사 왔을 때, 아들은 한데에 부려진 이삿짐처럼 이곳을 낯설어했고 두려워했다. 던져지듯 부려진 살림살이야 시간이 지나며 낯가림을 풀고 제자리를 찾았지만 아들의 눈은 오랫동안 불안해했다. 사춘기를 막 지나 콧수염이 나기 시작한 아들이 새로운 환경에 적응하려 노력하기는커녕 물에 뜬 기름처럼 맴돌 때마다 어미의 잘못인 것만 같아 미안했다.

이곳으로 이사 온 후 고등학교에 입학한 아들은 방에서만 빈둥거리기 일쑤였다. 스마트폰과 컴퓨터에 빠져 지내는 시간이 이어졌다. 집에서만큼은 기숙사 생활에서 오는 억압으로부터 벗어나 자유롭게 쉬고 싶다는 아들의 요구를 들어줘야지 하면서도 그게 잘되지 않았다. 주말 내내 엎드려 뭉그적거리는 모습을 보는 일은 도를 닦는 일과 진배없었다. 고등학생으로서 위기감이나 절절함 같은 게 없는 녀석이 어떤 때는 딴사람

같기도 했다. 점점 시간이 지나며 공부는 차치하고 학교와 사회에 적응하지 못하고 외톨이가 되는 것은 아닌지 그게 더 걱정이 되기 시작했다.

그러던 어느 날부터인가 눈빛이 달라지기 시작했다. 깃털이 채 돋지 않은 새끼 새의 날갯짓이 차츰 허공에 제 길을 내듯 아들의 마음속에도 길이 생긴 것일까. 금요일이면 기숙사에서 어둑한 석양을 등에 지고 집으로 돌아온 아들의 손에 책이 들리기 시작했다.

갑자기 새끼 새가 소리를 지른다. 공중에서 선회하는 어미 새를 본 것이다. 직박구리 한 마리가 허공을 맴돈다. 어미인 듯한 새의 부리에는 벌레가 물려 있다. 아들과 내가 멀찍이 떨어져 앉아 있어도 어미 새는 멀찍이 나뭇가지 위에 앉아 바라볼 뿐 땅으로 내려오지 않는다. 새끼에게 날아보라는 듯 멀찍이서 바라본다. 아까보다 훨씬 더 날갯짓에 힘이 들어간 것 같지만 바람을 타지 못한 새끼의 날갯짓이 어설프다.

실패를 반복하는 모습을 물끄러미 지켜보던 아들이 다가가 새끼 새를 조심스럽게 받쳐 든다. 근처 나뭇가지 아래로 가더니 까치발로 선다. 바람을 타야 날 수 있을 것이라는 생각에서인지 나뭇가지에 새를 올려놓는다. 나뭇가지를 부여잡은 새끼 새의 발에도 힘이 들어간다. 새끼가 바람을 타려는 것인지 자꾸 몸을 움찔거린다. 머잖아 아들도 제 거처를 찾아 이소를 꿈

꿀 것이다. 아들의 얼굴을 들여다본다. 제가 날아오르기라도 할 듯 상기된 얼굴이다.

화답

 오른쪽 깜빡이를 넣고 샛길로 접어든다. 지난여름 길가에 붉은 그늘 펼쳐놓았던 백일홍은 빈 가지로 서서 흔들린다. 길 양옆으로 바둑판처럼 반듯한 논엔 군데군데 공룡알 같은 볏짚 뭉치들이 두서너 개씩 쌓여 있다.

 마을로 들어선다. 길가에 경운기 한 대 서 있고 담 밑에서 졸고 있던 길고양이 한 마리 차 소리에 놀라 달아난다. 담 너머 한 노인이 토방머리 플라스틱 의자에 앉아 지팡이를 두 손으로 움켜쥔 채 볕바라기를 하고 있다. 한때는 볕바른 마당에 아이들 소리며 농기계 소리 가득했을 것이지만 이제는 노인들만이 마을을 지키고 있다. 대문 옆 기둥에 의지한 문패의 이름들도 희미하다. 언제 떼어질지 알 수 없는 이름들, 그 을씨년스러운 적막을 스쳐 지나간다.

 몇 가호 되지 않는 집들을 지나면 왼편에 자그마한 대숲이 있다. 그 옆 공터는 선산에 올 때마다 요긴한 주차 공간이 된다. 묘지로 가는 밭둑길을 따라 걷다 보면 초입에 옹기종기 모여 있는 노송들이 눈에 띈다. 투갑 같은 수피를 두르고 금방이라도 숨이 끊어질 것 같다.

 찌그러진 양푼을 엎어 놓은 것 같은 크고 작은 봉분들을 지나 어머니 묘지 앞에 선다. 상석 옆 화병에 흰 국화가 꽂혀 있다. 추석을 앞두고 오빠가 벌초를 하고 갔을 거라는 생각을 하며 절을 올린다. 삼십여 년의 세월이 흘렀지만 이곳에 어머니를 안장하던 그날이 엊그제처럼 눈에 선하다.

 재배 후 봉분 옆에 앉는다. 저만치 올케언니의 평와비平臥碑가 보인다. 그랬다. 무슨 연유에선지 몇 해 전 올케언니의 유골을 어머니의 묘지 옆에 안치했었다. 이유야 어쨌든 선산에 오면 어머니와 올케언니를 동시에 만나는 셈이다.

 비를 머금은 하늘 때문인지, 올케언니의 유해가 이곳 장지를 향해 오던 날이 떠오른다. 유난히 비가 많이 내렸던 그날, 비에 젖은 장례 행렬이 선산 길목 한켠에 기우뚱 멎었고 검은 상복이 빗속 밭둑을 따라 이어졌다. 오빠의 걸음이 땅속으로 꺼지는 것 같았다.

올케언니의 유해를 담은 옹관을 묻고 평화비를 세우는 동안에도 빗줄기는 가늘어지다 굵어지기를 반복했다. 빗줄기 속 백일홍 꽃처럼 환했을 때의 올케언니 모습과 당뇨 발병 이후 모습이 겹쳐졌다. 병증은 서서히 악화되기 시작했고 합병증은 올케언니의 시간을 갉아먹었다. 항암치료 때문에 삭정이처럼 앙상했던 어머니를 닮아갔다.

하루 네 번의 혈액투석과 복막투석까지 해야 했던 올케언니는 급기야 걸을 수도 없게 되었다. 이후 휠체어에 의지해야 했던 올케를 간호하던 오빠는 병원에서 쓰는 기능성 침대를 방 안에 들여놓았다. 좁은 방엔 투석액이 가득 든 박스와 투석일지, 그리고 많은 약들이 일렬로 정리된 상자가 구석에 놓여 있었다.

올케언니가 떠나기 전, 조카의 등에 업혀 친정에 온 모습은 지금도 지워지지 않는다. 서서히 세상과 벽을 쌓게 만든 당뇨병은 육신 여기저기에 상처를 냈고 결국 한쪽 다리를 절단해야 했다. 가족에게 짐이 되고 싶지 않았던 것일까, 올케언니의 손목에는 오랫동안 붕대가 감겨 있었다. 자살도 선택을 할 수 없었던 올케언니의 손목 붕대는 풀렸으나 얼마 지나지 않아 육신은 자신의 바람처럼 승화원으로 향했다.

그때부터였을까, 어머니가 돌아가신 이후부터였을까. 내 의식의 밑바닥에는 생과 사에 대한 두려움이 드리워지기 시작했다. 피할 수 없는 존재의 막다른 길인 죽음을 어떻게 맞이해야 하는가를 생각했다. 시간이 흘러 지금의 나 역시 어머니와 올케언니처럼 병을 달고 사는 나이가 되었다. 어떤 사람들은 생사가 일여라는 둥, 한 번 죽으면 그만인 걸 살아서 재미나게 살아야 한다는 둥 나름의 지론을 편다. 하지만 당장 고통의 나날을 살아가야 하는 암 환자에겐 빛 좋은 개살구 같은 소리일 뿐이다. 그러나 어떻게 살 것인가와 어떻게 죽을 것인가에 대해서는 고민하게 된다. 어머니와 올케언니의 묘지 너머 산등성이에서 산까치 소리 아득히 들려온다. 화답이라도 하는 듯 봉분 앞에 세워놓은 국화 한 송이 미동으로 흔들린다. 오고 가는 것이 눈앞에서 시들어가는 가을과 같은 것이라는 듯 허공에 머물던 어머니와 올케언니 숨결이 볼을 스치는 것 같다.

세한도

눈 오는 풍경을 따라나섰던 걸음이 연지 공원으로 방향을 잡았던 게 조금 전이다. 둘레길 사이사이 나 있던 길이 이곳과 저곳을 나누는 경계선처럼 보였으나 밤새 내린 눈으로 지워졌다. 생사의 경계도 이처럼 지워질 수 있을까.

언제부턴가 겨울 연지는 케테 콜비츠의 〈죽음은 친구 같은 것〉이라는 판화를 떠오르게 한다. 양차 세계 대전에서 아들과 손자가 차가운 주검으로 돌아온 이후 콜비츠는 반전과 죽음의 주제를 투영해 판각하게 된다. 처음 그녀의 작품을 접했을 때 죽음에 대한 사유가 머리로는 이해되었으나 가슴은 밀쳐냈었다. 지인이 건네준 도록의 페이지마다 죽음을 껴안는 무채색 판화 사진들은 교복 대신 검은 상복을 입고 제 아버지의 영정 사진 앞에 앉은 내 아들의 모습과 겹쳐졌기 때문이다. 그래선지 그녀의 작품은 적막했다.

생사의 경계를 극명하게 가르는 죽음을 어떻게 껴안을 수 있을까. 벽에 기댄 적막의 시간이 뒤척이던 그 당시, 교통사고로 남편을 잃은 슬픔의 그림자는 꿈속까지 따라다녔다. 죽음을 친구로 맞이하기엔 이른 나이이기도 했으나 생전에 좀 더 살갑게 대해주지 못한 자책 같은 것이 짓눌렀다. 절망의 시간은 죽음에 대해 생각하게 했다. 죽음이 그리웠다. 그러나 남겨진 사람을 위해 살아야 했다. 어떻게든 남편이 오간 길들을 피해 다니려 했으나 쉽지 않았다. 급기야 도망치듯 거처를 옮겼다.

지푸라기라도 잡고 싶은 심정 때문이었을까, 아니면 지독한 고독에서 오는 상처 때문이었을까, 새로운 거처 가까이 연지가 있다는 게 위안이 되었다. 그러나 시간이 지나도 남편의 모습은 쉽게 지워지지 않았다. 응급실 병상을 적시던 핏빛 침대가 떠올랐다. 로드킬의 고양이에서도 투명의 창문에 부딪혀 죽은 새에서도 그의 모습이 비쳤다. 이사 후에도 두꺼운 커튼을 친 채 공벌레마냥 웅크렸다. 옛집에서도 새집에서도 아들과 나는 안주하지 못했다. 집은 아늑함을 상실한 채 버둥거렸다. 원형적 공간으로서의 아늑한 이미지는 멀리 있었다.

그러던 어느 날, 봄볕 같은 수런거림이 창가에서 들려왔다. 연못을 면한 잔디밭에서 뛰노는 아이들 소리였다. 커튼을 걷고 밖으로 나왔다. 산책로를 따라 줄지어 선 나무들이 아이들처럼 연둣빛으로 출렁였다. 그때부터 내 걸음은 해맑은 아이들 곁에 머무는 시간이 많아졌다. 그러면서 연지의 표정을 읽고 받아 적기 시작했다.

초봄의 연지는 과묵한 편이다. 검게 변한 연잎과 줄기들이 얽혀 있는 연지가 한편으론 겨울의 시간 속에 그대로 멈춰 있는 듯했다. 일체유심조라 했던가, 시간이 지날수록 연지를 감싸고 있는 산수유, 매화, 벚꽃이 피고 지는 모습이 눈에 들어왔다. 연지에 꽃물 들 즈음이면 다양한 걸음들이 분주히 오고 간다. 사진 동호회에서 온 듯 몇몇 사람들이 조리개가 큼지막하게 달린 아날로그 사진기를 어깨에 메고 연지를 탐색하곤 한다. 이른 아침의 연꽃을 렌즈에 담기 위한 그들의 발걸음이 이어지는 동안 내 방황의 렌즈도 덩달아 찰칵거렸다.

연못이 기지개를 켜기 시작할 때는 못가에 노란 붓꽃이 필 즈음이다. 아기 손바닥만 한 연잎들이 오종종 수면에 모습을 드러내기 시작하면 그때부터 둥근 물결이 인다. 빠르게 흘러가는 구름, 연지에 잦아지면 새소리 버드나무처럼 파릇해지고 하나둘 피기 시작한 꽃들은 연지를 염화미소로 물들인다. 그런 풍경을 무지개 같은 나무다리 위에서 바라보고 있노라면 굴곡진 내 생각들도 차츰 연못에 가라앉는 것 같았다.

　수천 년이 흐른 후에도 싹을 틔운다는 연의 씨앗은 음과 양을 동시에 내장하고 있는 듯하다. 폭염과 폭한도 두려워하지 않는 의연함을 내포하고 있는 것은 한여름의 연지가 한겨울의 연지와 닮은 이유이며 사람살이도 마찬가지일 터이다. 극한과 극염이 다르지 않은 것처럼 무연히 자화自化하는 연지가 상처는 스스로를 보듬어줄 줄 알아야 한다는 것을 알게 했다. 나는 그것을 살아내야 할 내 삶의 페이지에 받아 적었다.

　단단하게 얼어버린 연지. 그러나 저 수심 깊은 곳에서 보이지 않게 봄을 준비하고 있을 게다. 오랫동안 유배와 은거 생활을 했던 고산孤山 윤선도에게 오우五友가 있었다면 내겐 고통의 시간을 함께해준 연지가 있다.

　'유붕자원방래有朋自遠方來'하듯 눈이 온다. 눈길에 나 있는 발자국 위에 내 발자국을 놓는다. 연지와 어깨를 결고 걷는 사이, 눈발 가늘어진다.

가치전도의 소리굽쇠

　기존의 가치 체계에 반하는 언어의 망치를 든 자로서 니체를 쇠망치의 철학자라 부르기도 한다. 비교적 후기 저작에 속하는 니체의 《우상의 황혼》은 근대를 극복하고 새로운 윤리적 태도를 확립하고자 한 니체 철학의 집약서라 할 수 있다. "이 작은 책은 중대한 선전포고"이며 "1880년 9월 30일, 《모든 가치의 재평가》 제1권이 완성된 날"이라고 서문에서 언급한 것처럼 니체는 소크라테스의 문제, 쇼펜하우어의 염세주의 등 기존 가치의 재평가를 시도한다. 기실 외형은 '작은' 책이지만 그 안에는 시대를 향해 전쟁을 선포한 니체의 철학적 사유와 잠언의 화살들로 가득하고 그의 사상 전반이 녹아 있어 외려 묵직하다.

　'잠언과 화살'에서부터 '쇠망치(Hammer)는 말한다'에 이르기까지 열한 개의 챕터로 구성된 이 책은 챕터별 층위가 체계적이지 않다. 하지만 시종 시대의 우상이라는 쥐를 잡는 니체 자신을 비유적으로 언표화한다. 시대마다 화두가 있게 마련이듯 계몽시대에는 이성이 화두였다면 니체가 살았던 19세기는 도덕주의적 사고가 팽배했던 시대로, 형이상학적 이원론에 입각한 그리스도가 화두였다. 즉, 본질과 생성이라는 이원론 사유의 방식으로 서양 역사에서 견고한 성이나 다름없었다.

니체는 피안의 세계를 참된 세계로 간주하면서 지상의 세계를 가상으로 생각하는 태도를 두고 지상에 살아 있으면서도 실질적으로는 죽어 있는 것이나 마찬가지인 우상의 시대가 저물어가고 있음을 통찰한다. 특히 기존의 이성 숭배 철학은 수천 년 동안 이성 우위에 둔 숭배를 강요함으로 생명이 지닌 특성을 앗아가 박제화하거나 개념의 미라와 같은 맹목적 안정화의 욕망을 불어넣었다고 비판한다. 말하자면 이 세계는 원자적 실체도 신이나 자아와 같은 정신적 실체로 이루어진 것이 아니라 대지적 존재들이 서로 영향을 주는 가운데 각각의 힘에의 의지에 의해 이루어진다고 본 것이다. 때문에 니체 철학에서 우상은 기독교적 신만을 의미하지 않는다. 인간 삶에 점철된 철학, 예술, 이성, 도덕적 인상주의 등을 포괄한다. 니체는 "한 시대의 우상들이 아닌 영원한 우상들"에 대해 소리굽쇠를 갖다 대듯 쇠망치를 갖다 댄다. 때문에 유럽 철학의 키르케였던 그의 철학이 후대에 지대한 영향을 끼쳤음을 부인할 수 없다. 대다수의 사람들이 시대를 관통하는 패러다임에 순응할 때 이전 시대의 불합리한 가치에 대해 저항하고 우상의 황혼기가 도래할 것을 언급한 이면엔 생성 세계를 긍정하는 니체의 철학적 함의가 있다.

문학적 철학자로 불리는 니체의 철학은 비철학적이라는 문체적 특징을 지니기도 한다. 예컨대 "신이 좋아하는 성자는 이상적인 환관宦官"이라는 은유라든가 곳곳에서 문학, 예술, 정치 등을 반어와 역설로 일갈한다. 계란으로 바위를 치듯 그 시대의 단단한 인식의 틀에 자신을 던지는 니체의 문체에서 비장미가 느껴진다. 더하여 우상의 황혼기의 도래를 맞이하기 위해 니체는 바르게 보는 법은 사물이 자신에게 다가오게 하도록 눈을 훈련하는 것이며, 춤을 추듯 배워야 한다는 의미로 가벼운 발이 모든 근육에 흘러넘치게 하는 것으로써 생각하는 법을 제시한다. 말하자면 인간이 인간으로 존재하는 생명성은 우상에의 종속이 아닌 자유로운 의지의 훈련에 있음을 우회적으로 언급한다.

따라서 우상은 시대를 달리해 존재할 것이므로, 니체의 물음은 과거와 미래를 규합하는 현재형일 것이다. 허무주의 극복을 위한 가치 전도의 철학자, 니체의 목소리에 최첨단의 21세기에도 귀 기울이는 이유다.

제4부
차수이립

필연의 근황을 묻다

　퇴근 시간 무렵 계산대의 줄이 길다. 맞은편 계산대에서 차례를 기다리던 그녀와 눈이 마주친 순간 미소가 건너온다. 너무 오랜만의 조우라서인지 아니면 내 성격 탓인지 유난스러움을 피해 서로에게 다가갔다. 유난히 주근깨가 많아 깨밭이라 불렸던 그녀의 얼굴에는 여전히 검은 점들이 많다. 바뀐 게 있다면 예전처럼 호들갑스럽지 않다는 것과 눈가 주름이 생겼다는 점이다.
　우리는 근처 찻집을 찾아 두리번거렸다. 커피 전문점이라는 문구를 따라 들어갔다. 창가 빈자리에 앉기 무섭게 그녀는 그간의 안부를 묻는다. 말의 물꼬가 트이면 술술 풀려서 시간 가는 줄 모르는 그녀와의 만남은 예나 지금이나 부담스럽지 않아서 좋다. 우리는 누가 먼저랄 것도 없이 노부부의 집에 세 들어 살았던 한 시절을 떠올리고 있었다.

그 집의 정원은 나무들이 많았다. 이른 봄, 매향이 봄의 운치를 더하는가 하면 벽돌담을 끼고 서 있는 감나무의 홍시처럼 가을이 익어가곤 했다. 덕분에 그 시절 나는 철마다 꽃과 나무를 값없이 완상할 수 있었다. 정원을 가운데 두고 디귿 자형으로 토방을 잇댄 주택은 공간이 분리되어있는 것 같으면서도 이어져서 우리는 더 가까워졌던 것 같다. 커피 향 너머로 그때 이야기가 올올이 풀려나온다.

결혼 후 몇 해가 지나도록 회임하지 못해 절 속 같은 우리 집과 달리 마당 건너 그녀의 집은 올망졸망 삼 남매의 좌충우돌이 끊이지 않았다. 아이들이 집안을 어지럽힌다는 이유로 그녀는 늘 자신의 집으로 나를 부르곤 했다. 언뜻 차가운 인상이었기에 처음엔 가까이 다가가지 못했다. 더구나 그 시절 나는 유독 누군가를 대면하는 일이 무서웠다. 그저 고립이 좋았다. 하지만 그녀는 달랐다. 붙임성 좋은 그녀는 나누는 걸 좋아했다.

한 번은 그녀가 누렇게 변색된 커피잔에 커피를 내놓을 때 나는 유리 찬장 안에 가지런히 정리된 깨끔한 잔을 바라보며 의아한 기분이었다. 신혼살림으로 들였을 잔을 내놓지 않은 게 아이들 때문이려니 했으나 아이들이 유치원에 가고 없을 때도 그녀는 오래된 그릇을 사용했다.

  신혼 초, 만난 지 얼마 되지 않았으나 그녀에겐 오래된 그릇만큼이나 친근함이 느껴졌다. 마음을 녹이는 재주가 있다고나 할까, 소탈한 성격의 그녀에게 나는 시나브로 끌렸다. 당시 수년이 지나도록 수태하지 못하는 나를 사람들은 측은한 마음으로 대하곤 했었다. 때문에 나는 사람들을 만나기 어려워졌다. 자꾸만 내 안으로 숨었다. 상처받기 싫어 타인과의 벽을 더 쌓았었다. 그러던 내게 그녀는 조금씩 실금을 냈다. 직설적인 그녀는 나를 동정하거나 위로하는 스타일이 아니었다. 있는 그대로 말을 했었다.

  그녀로 인해 조금씩 사람 곁으로 다가가고 마음을 열 때쯤 걸걸한 말투에 선머슴 같은 그녀가 문을 두드렸다. 머리를 질끈 묶고 화장기 없는 얼굴이었다. 평소처럼 웃음기 가득한 얼굴이 아니었다. 비라도 오는 날이면 아이들 간식으로 만든 부침개를 담아오기도 하고, 주말이면 바지락 국수를 했다며 문을 두드리곤 하던 것처럼 그날도 그러려니 하며 문을 열어주었다.

  그러나 무슨 이유에서인지 이 집 전세금을 빼 이사를 간다는 것이었다. 이제 막 마음을 열고 친해지기 시작한 터라 아쉬운 마음에 한동안 대꾸를 하지 못했다. 평소 아이들에 관한 이야기라든가 남편 가게에 관한 것 등 소소한 것까지도 내게 서슴없이 얘기했던 그녀였기에 그날의 침묵은 유난히 길게 느껴졌다. 텔레비전에서는 먼저 섬에 도착한 수컷 알바트로스가 암컷을 기다리고 있다는 내레이터의 말이 들려왔다. 우리는 얼결에 시선을 돌려 티브이 화면을 바라보았다. 부부인 듯한 알바트로스가 주걱 같은 노란 부리를 부딪치며 고갯짓을 하고 있었다. 그 화면을 끝으로 우리는 헤어졌고 수십 년의 세월이 흘러 우연히 한동네에 다시 살게 된 것이다.

디귿자형 공동주택에서 그녀와 함께 살았던 그때를 회억하고 있다는 걸 아는지 그녀도 창밖을 응시한다. 서녘을 끌고 가는 노을이 잠시 창가에 머문다. 커피 한 모금 홀짝인다. 한 지붕 아래 살았던 냄새처럼 익숙한 향이 입 안 가득 퍼진다. 침묵을 무질러 그녀가 명랑한 말투로 근황을 물어온다. 우연의 수레바퀴이든 필연을 배후에 둔 만남이든 우리는 이렇게 다시 만났다. 아직 그녀의 근황을 듣지 않았지만 그녀의 밝은 삶의 모습이 그려진다.

문학기행

　문학기행 가는 날, 약속 장소에 먼저 와 기다리는 동인들의 표정이 밝다. 각자의 가방 속엔 설렘도 한 줌 들어 있는 듯 불룩하다.
　톨게이트를 빠져나와 고속도로를 달린다. 앞서거니 뒤서거니 달리는 차들 사이로 멀리 산 능선이 물결처럼 흐르고 도롯가에 줄지어 서 있는 메타세쿼이어가 푸른 동굴을 만들어 놓았다. 봄의 수채화를 감상하며 가다 보니 '지용제'를 알리는 플래카드 문구가 보인다. 정지용의 〈향수〉 시구가 바람에 펄럭인다. 목적지가 가까워지자 모두들 엉덩이가 들썩인다.
　주택가에 아담하게 자리 잡고 있는 지용 문학관. 주차장에는 두서너 대의 차량이 주차되어 있을 뿐 한가하다. 이웃집에 차를 한 잔 마시러 가는 기분으로 문학관의 문을 민다. 안에는 작가의 삶과 문학을 알 수 있는 자료들이 아기자기하게 진열되어 있다. 시인의 손때 묻은 책이 보인다. 누렇게 변한 책장 사이로 검은 테 안경을 쓴 그가 금방이라도 나올 것 같다.

실물처럼 만들어진 지용의 동상 곁에 앉아본다. 일제강점기라는 그 시대의 아픔을 간과하지 못한 시인의 고뇌가 안경 너머로 보이는 듯하다.

담임 선생님의 추천으로 교내백일장에 나간 초등학교 3학년 때 어머니의 흰머리에 대해 썼던 글이 입상을 하게 되어 전교생 앞에 선 적이 있다. 공부도 딱히 잘하지 못해 상이라는 것은 개근상 말고는 받아본 게 없는 터라 하교하자마자 헐레벌떡 집으로 뛰어갔지만 아무도 없었다. 저녁때가 되어서야 밭에서 돌아온 어머니는 밥하랴 빨래하랴 어두워진 정지를 바삐 오갔다. 백일장에서 받은 상을 자랑하고 싶었지만 말할 수 없었다.

당시 또래들보다 키가 컸던 나는 농구선수였었다. 교복 대신 유니폼을 입고 농구공을 튀기며 운동장을 뛰어다녔던 사춘기 시절. 국가대표라는 꿈을 꾸며 교실보다 코트에서 보내는 시간이 많았다. 그래도 나는 책 읽는 걸 좋아했다. 어느 날 훈련을 마친 뒤 쉬는 시간, 합숙소 방바닥에 굴러다니던 책을 잡았다. 헤르만 헤세의 《지와 사랑》이었다. 골트문트와 나르치스에 빠져 지낸 시간은 지금도 잊히지 않는다. 첫사랑 골트문트. 그리고 그를 이끄는 나르치스에게도 마음의 문이 비긋이 열려 있었다. 방랑기 많은 낭만적 인물의 골트문트와 이성적 인물인 나르치스는 서로를 비추는 존재였다. 이성과 감성, 곧 지와 사랑은 우리 안에 함께 살고 있음을 은유하고 있었다.

책을 좋아한 이유 때문이었는지 마음은 늘 교실에 가 있었고 때문에 농구선수 생활은 그리 길지 않았다. 결국 농구를 접고 그렇게 바라던 교실로 돌아왔다. 책상 냄새, 도시락 냄새, 그리웠던 냄새들을 더 맡고 싶어 나는 늘 먼저 학교에 가는 날이 많았다. 등굣길에 만나는 달맞이꽃에 눈이 팔리기도 하고, 호박꽃 속에 들어가 있는 벌을 보다가 제일 먼저 교실 문을 여는 걸 놓치기도 했다.

걸음을 옮긴다. 문학관 옆, 시인의 생가 사립문이 열려 있다. 그가 아침놀을 바라보며 시심에 젖거나 저녁 달빛을 받으며 거닐었을 마당을 지나 뒤뜰을 걸어본다. 시인이 살았던 시대, 암울했던 과거의 돌부리들. 섬세하고 감각적인 이미지 시를 쓰던 지용은 점차 종교시와 동양적 정신을 담아낸다. 현실을 타파할 수 없음에서 오는 고뇌를 그렇게 풀어낼 수밖에 없었을 터. 시사의 한 페이지를 장식한 시인의 쌈터를 걸으며 생각이 많아진다. 이제는 이념도 멎고 시인의 생각도 멎었다. 자그마한 서

재 가운데엔 앉은뱅이책상이 있고, 그 위에서 안경이 세월의 무상함을 전해주고 있다.

문학관 앞, 천을 따라 아치형 난간 사이 석판에 새겨진 지용의 시를 바라보는 모녀가 생기롭다. 아이에게 시를 읽어주는 그들의 모습을 지용은 보고 있을까. 볕이 모녀의 머리 위로 내려오고 내를 따라 시구들이 흘러가는 것 같다.

자전거를 타고 가던 할아버지 한 분이 무슨 할 말이라도 있는지 우리 앞에다 자전거를 세운다.

"이것이 향수에 나오는 실개천이여."

촌부의 목소리에 자부심이 들어 있다.

차수이립叉手而立

　저수지를 끼고 구불구불 이어지는 길이 아다지오의 선율 같다. 호면 위에 내린 오후의 햇살도 허공에 물결을 그리며 리듬을 타는 듯하다. 길 양쪽으로 푸르게 늘어선 벚나무가 우리의 길을 호위하는 것 같다. 오랜만의 만남에 약간은 들떠 있던 친구도 곡우 즈음에 든 개암호 풍경에 시선을 준 채 말이 없다.

　호수를 끼고 앞서거니 뒤서거니 풍경과 마주하다 보니 일주문 앞이다. 개암사는 여느 사찰과는 달리 다소곳함이 느껴진다. 벚꽃 길을 따라 구불구불 걷다 보면 고즈넉함 또한 절로 느껴진다. 한담하듯 걷는 사람들 사이로 싱그러움이 가득하다. 간혹 등산복 차림의 일행이 길을 잇는다. 저들은 삶만큼이나 구불구불한 어느 능선을 넘을까, 등산 스틱에 커다란 가방을 메고 가는 그들의 뒷모습을 보며 걷는다.

　일주문을 지나 불이교라는 한자가 눈에 들어온다. 둘이 아닌 하나를 의미하는 그 다리는 분별하는 마음을 경계하라는 불교적 의미가 내포되어 있을 터, 바람도 그 경전 같은 말에 화답이라도 하는 것인지 은행나무 가지를 흔든다. 문득 한옥의 대청을 불이의 공간으로 보기도 한다던 글귀가 구름인 양 맑은 하늘에서 떠간다. 사물을 둘로 가르지 말라는 불교의 '불이' 사상을 반영한 삶의 공간으로 들인 것이리라. 소통을 미덕으로 한 우리의 전통 가옥에 대한 의미를 새기며 불이교를 건넌다.

　한결 맑아진 마음이 노거수 앞에 차수이립하고 선다. 합장한 시선이 나무 아래 세워놓은 팻말에 가 닿는다. 수령이 삼백 년이 되었다는 내용이 선명하다. 나무의 품격과 품종에 관한 내용을 적어놓은 것인데 '마을 나무'라는 격을 부여한 것에 의미를 짚으며 잠시 생각이 머문다. 인걸은 간데없고 산천은 의구하다고 읊었던 옛 시인의 마음이 이런 것이었을까. 나무는 그 자리에서 이곳의 역사를 말해주고 있기에 '마을 나무'라는 품격을 준 것이려니, 몇백 년 전 조상들의 숨결이 느껴지는 것 같다.

　식물들도 지각 감각이 있다는 이론서들을 굳이 내세우지 않더라도 수령이 오래된 나무들은 그때 그 장면을 기억할 수 있지 싶다. 범접할 수 없는 영적 힘을 가지고 있기 때문에 오래된 나무에 정령이 깃들었을 것이라는 옛말은 허무맹랑한 것만은 아닐지도 모른다. 저만치 떨어져 무엇인가를 찾는가 싶던 친구가 고목 가까이 다가온다. 말없이 내 손 위에 네 잎 클로버를 올려놓는다.

노거수에 붙은 작은 이파리를 올려다본다. 아기가 태어나듯 노거수 표면을 밀고 나온 연두에 경건한 마음이 되어 손을 모은다. 역사의 간난신고를 모두 나이테에 기록했을 노송의 수굿함에 마음 또한 절로 여며진다.

당나라 풍간 스님의 제자였던 습득에 관한 이야기에서 비롯된 차수이립. 길가에서 주워 와서 습득이라 불린 그의 뛰어남을 소문으로 듣고 찾아온 타관 지역 스님들이 비아냥하듯 성이 무엇이며 어디서 왔느냐고 물었을 때 습득은 마당을 쓸던 빗자루에 고개를 올리고 스님들을 말없이 바라보았단다. 그로부터 유래된 말에는 화엄의 뜻도 스며있는 듯하다.

그렇다면 나무야말로 '불이'의 의미를 실현하고 있는 것은 아닐까. 천천히 걸음을 바꿔놓는다. 부부인 듯한 사람이 앞서 걷는다. 이 사찰은 조용히 있는 듯 없는 듯 제 할 일을 하는 사람 같다는 친구의 말을 들으며 개암사 뒤편 울금바위를 올려다본다. 개암의 풍경은 정갈하게 제 할 일 다 하는 사람 같다는 내 추임새에 친구는 그저 다녀간 것만으로도 힐링이 되는 것 같다고 한다.

　내려오는 길, 그늘 아래 놓인 통나무 의자가 신선처럼 보인다. 저절로 걸음이 옮겨진다. 통나무 의자에 앉아 세월의 뒤안길을 헤아려본다. 친구도 나도 아침저녁으로 한 줌의 약을 털어 넣어야 하는 몸이 되었다는 말을 주고받으며 두고 온 개암사의 풍경을 뒤돌아본다. 부처님 오신 날이 머지않음을 알리는 듯 입구의 오색들이 바람을 탄다. 개암사 오가는 길 곳곳이 봄볕이다.

계영배

그릇 중에 계영배만큼 아름다운 이치를 담은 그릇이 또 있을까. 조선시대 우명옥이라는 도공이 방탕한 생활을 하다가 스승에게로 돌아와 만든 잔이 계영배라고 한다. 자신의 지난 삶을 되돌아보고 다른 사람들이 자신의 전철을 밟지 않도록 하기 위해 혼신의 힘을 다하여 만든 잔. 타인을 생각하는 마음이 사랑의 물레질을 하게 했으며 이천오백 도의 불가마에서 마음을 달구어 내게 했다.

장날 계영배 하나 사려고 그릇 가게를 찾았다. 길 양쪽으로 늘어선 가게들은 손님 맞을 준비 하느라 부산하다. 다정하게 걸어가던 모녀가 들어간 곳은 작은 그릇 가게. 그곳은 시골 장터의 허름한 가게여서인지 먼지가 수북하게 쌓여 있다.

 딸은 이것저것 한참을 들여다보더니 꽃무늬 그릇을 들어 노모에게 보여준다. 흡족한 듯 미소를 띠는 노모의 모습에 그릇들까지 미소를 짓는 것 같다. 딸이 사 주는 그릇에 좋고 나쁨이 어디 있으랴. 오랜만에 집에 온 딸이 혼자 있을 노모가 놓이지 않는 듯 연신 안타까운 모습으로 그릇을 고르는 모습이 정겹다.

 문득, 선택되지 않은 그릇들의 음성이 들리는 듯하다. 누군가를 만나 그의 삶대로 길들여지는 그릇의 생. 자신의 미래가 궁금한 듯 반짝인다. 그릇들의 대화를 들어본다. 옹기는 옹기의 말로 도자기는 도자기의 말로 이야기를 나누는 것 같다. 서로 목소리를 높이고, 어제는 손잡고 오늘은 등을 돌리는 사람들의 모습이 그릇들 위로 겹쳐진다.

 우리 집 찬장 안에는 어머니가 손수 골라 준 그릇 세트와 친구의 마음이 담긴 커피잔이 나란히 놓여 있다. 밥그릇에 김이 모락모락 피어오르면 어머니의 사랑이 느껴지고, 진한 커피 향이 퍼지면 친구를 떠올린다. 각기 제자리를 지키고 있다가 채워야 할 때 채우고 비워져야 할 때 비워지는 것을 아는 그들이다.

 아집의 그릇을 비우고 싶은데 쉽지 않아서 힘들 때가 있다. 그릇에 묻은 때를 닦아내듯 내 욕심의 그릇도 비워 낼 수 있을까. 삶의 곳곳에 박혀 있는 욕심의 파편. 그것을 알아채지 못하는 나는 어디에 있으며 그동안 내 삶의 그릇은 내가 골랐을까. 누구도 책임질 수 없는 길. 행여 금이 가고 귀가 떨어져도 내가 받아들이며 가야 한다.

그릇도 누구를 만나느냐에 따라 길이 달라지듯 사람도 마찬가지다. 서로 부대끼며 정이 들고 세월의 흔적을 나눠 갖는 그릇들. 시간이 지남에 따라 그릇들의 형상이 바뀌고 빛을 잃어 간 것처럼 나도 변해간다.

도자기에 구멍을 만들어 과욕을 삼가고 경계하라 한 것처럼 사람에게도 구멍이 있다. 그중 하나라도 막히면 아픈 데가 생기고 죽음에 이르기도 한다. 구멍이 이쪽과 저쪽을 연결해주듯 마음과 마음을 연결해준다.

그 잔이 말을 한다, 욕심을 내려놓으라고. 자신의 몸에 구멍을 내어서 욕심을 경계한 너. 생각만 있었을 뿐 내 몸에 구멍을 내지 못했다. 하여, 내려놓지 못한 마음은 욕심으로 채워져 갔다, 중독성이 강한 술처럼.

평소 약주를 즐겼던 외삼촌, 고단한 삶에 술이 위안이었을지도 모른다. 하지만 밥보다 술을 많이 드시는 삼촌을 보며 외숙모의 얼굴엔 근심이 가시지 않았다. 외가와 가까이 살았던 나는 삼촌 댁에 놀러 가는 날이 많았는데 약주 때문인지 삼촌은 가려움증으로 고생을 했고, 긴강이 악화되어 일찍 떠나셨다. 약이 되기도 하고 독이 되기도 하는 술. 그 술을 담는 그릇에 결국 생사가 담겨 있는 것인가.

욕심을 덜어내면 덜어낸 만큼 세상과 만날 수 있는 통로가 생긴다. 그 공간을 통해 소통의 바람이 불었으면 좋겠다, 나의 마음에도.

독사

경사가 완만하다. 주말을 맞아 산악회에서 나온 것인지 한 무리의 등산객들이 앞서거니 뒤서거니 이야기를 나누며 간다. 큼지막한 배낭을 메고 양손에 든 스틱을 번갈아 가며 짚고 가는 그들의 발자국을 따라간다.

완만한 경사를 이루던 길이 험해지기 시작한다. 뒤따르던 걸음이 점점 뒤처진다. 도란도란 들려오던 그들의 말소리도 멀어진다. 등산화에 스틱을 짚었지만 뾰족한 바위가 듬성듬성 박인데다 길마저 깎아지른 상태다 보니 신경이 온통 곤두선다. 발바닥과 종아리에 힘이 들어간다. 가까스로 가파른 중턱을 넘어서니 평지다.

턱까지 차오른 숨을 고른다. 산에서 만나는 평지는 막다른 생의 길에서 만나는 쉼터 같다. 잔대들이 길 양옆으로 푸르게 이어지는 소로를 따라 길은 좁아졌다가 넓어지기도 하고 평지와 오르막이 번갈아 이어진다.

홀로 가는 산행이든 여럿이 가는 산행이든 굽이굽이 산길을 걷다 보면 생을 돌아보게 된다. 내 생의 시작과 중턱은 어느 지점에 있었던가. 내면에 가득한 화를 잠재우지 못하고 터덕거렸던 지난날을 생각하며 천천히 걸음을 놓을 때였다.

뱀 한 마리가 길 가운데 똬리를 틀고 있다. 머리가 세모형인 것으로 미루어 살모사임이 분명했다. 땀으로 범벅이던 조금 전의 살갗에 오소소 소름이 돋는다. 멈춘다. 뱀도 움직임이 없다. 아니 애초 움직이지 않고 있었는지 모른다. 산에서 뱀을 만나면 대처하는 법을 어디선가 본 듯도 한데 떠오르지 않는다. 등에서는 식은땀이 흐르는 것 같았다. 이러지도 저러지도 못하고 돌처럼 굳은 채 좀체 움직일 수 없다. 그러고 보면 행동하지 못하는 생각이란 얼마나 허망한가. 얼마를 그렇게 서 있었을까. 뱀이 천천히 움직이기 시작한다. 풀숲으로 사라진다. 다리에 힘이 쭉 빠진다. 뱀은 행동에 옮겼고 나는 그러지 못했다.

정상을 향해 가던 길을 가려고 한 걸음 옮겼지만 더 이상은 힘들 것 같았다. 나는 오르던 길을 되돌려 내려왔다. 그날 이후 여러 날 동안 나를 오랫동안 바라보던 뱀의 투박한 눈과 혀가 기억에서 지워지지 않았다. 왜 하필 내 앞에서 똬리를 틀고 길을 막아섰는지 원망스럽기도 했다. 하지만 두려움은 뱀으로부터가 아니라 나로부터 비롯된 두려움이라는 것을 깨닫는 데는 그리 긴 시간이 걸리지 않았다.

    태초로부터 인간의 의식에 내장된 뱀에 대한 두려움 또한 내 인식에 적층된 틀에 박힌 관념의 산물이다. 새로운 세계를 경험하기 위해서는 《데미안》에서 언급한 것처럼 새는 알을 깨고 나와야 한다. 알은 세계다. 그 세계는 딱딱하고 단단한 자아로 가득하다. 내게 묻곤 한다. 그때 마주한 것은 뱀이 아니라 내 안의 나를 깨고 나온 내가 아니었을까. 사유를 멈춘 내게 독사도 날지 못하는 키위 새도 경종이나 다름없다.

사유의 차위差位, 사이 혹은 경계

　손때 묻은 책이다. 철학적 도와 진리, 종교적 무위와 실천, 그리고 이념적 소요와 가치를 내재적으로 분석한 박이문의 《노장사상》은 그간의 주석 비평이 아닌 노장철학의 내적 구조를 분석함으로써 동서양 사유의 차위 혹은 경계를 논하는데, 동서 철학의 존재론적 차이를 모체 개념인 '도'와 '이성', 즉 비언어성과 언어성으로 설명한다. 노자의 '道可道非常道'에 스민 역설의 논리가 비언어적이라면 체계화된 개념의 논리를 장착한 서양철학은 언어적 특성을 지닌다. 본질을 중시하고 동일하지 않은 것들을 동일하게 만들고자 하는 개념 철학자가 칸트와 하이데거라면 노자와 장자의 도는 개념화될 수 없는 것으로 기하학적 선이나 수학적 관계를 이해하는 경우와 달리 개념을 무화시키는 사상인 것이다. 노장뿐만 아니라 유가철학을 포함한 동양의 '도'가 일원론적 곡선으로 인식된다면 서양의 '이성' 형이상학은 이원론적 직선으로 서술된다. 정신과 물질로 이분되기 이전의 일원론적 존재론에 귀착한 노장사상에서 언어는 대상을 개념화해 분절시키는 것으로 파악된다. 말하자면 존재 자체를 파괴하는 것과 같다. 요컨대 동양의 '도'로 지칭된 실체는 언어화 이전의 직관적 인식 대상인 반면 서양의 '이성'으로 표기된 실체는 언어에 의한 논리적 파악의 대상이라는 것이다.

존재는 언어(이성)를 통하지 않고서는 지각될 수 없다는 데리다의 인식에 따르면 언어 이전의 객관적이고 절대적 존재를 운운하는 것 자체가 무의미한 일이다. 따라서 개념화하는 것을 부정하기 위해 언어를 사용한 노장철학의 논리가 흔들릴 수 있다. 그럼에도 불구하고 서양철학이 미치지 못하는 심오함이 있다. 언어로 차별하는 대상을 차별되지 않은 단일한 전체로 인식하는 존재에 대한 견해 때문이다. 즉, 이분법적 논리로서 다른 곳으로의 도피나 플라톤적 가사세계可思世界가 아닌 현상 자체를 부정하지 않으며 '하나'라는 진리 추구에의 노정인 것이다.

노장의 이념과 가치를 밝혀주는 논리가 지락과 소요라면 무위는 그러한 이념을 실천에 옮길 수 있는 행위 원칙이다. '無爲 而無不爲'란 행하지 않으면서 모든 것을 이룬다는 것으로 적극적인 노장의 행위 준칙이다. 선택하지 않는 것도 하나의 선택이라는 샤르트르의 말처럼 행하지 않음으로써 의사를 표명하는 역설이 깊다. 말하자면 도라는 개념은 이념과 행동을 뒷받침하는 형이상학으로 도를 도라고 하면 도가 아니라는 역설의 논리는 고정이 아닌 사유의 유연함이다. 북해의 곤이 붕으로 변화될 수 있는 긍정으로써 삶은 고통이 아니라 낙이며 소요인 것이다. 일테면 노장의 인생관은 삶의 달관이나 도피가 아니라 지락으로서 행복의 철학이라는 결론이 도출된다.

결과적으로 해결되어야 할 인간의 근본적 문제를 삶의 외부적 조건이 아닌 인간 내면의 우환으로 인식한 노장사상은 일원론적이다. 반면 인간의 근본적인 문제를 공포로 인식하는 기독교는 서양철학의 하부에 깔려 있는 이분법적 전통 형이상학과 일치한다. 때문에 플라톤에서부터 데카르트, 샤르트르에 이르기까지 이원론적 존재론이라는 논지다. 이렇듯 저자는 동양의 일원론적 곡선의 세계와 서양의 이원론적 직선의 세계에 드리운 사유의 차위를 보여준다.

인간이 자연의 일부로서 그 전체 속에서 하나의 고리로 작용하는 동양의 곡선적 사유가 자연주의적이라면 서양의 직선적 사유는 인간 중심적 자연관을 배태한다. 그동안 자본주의 생리는 서양철학의 우월성을 의심하지 않았지만 동양철학의 재비평과 재평가를 통해 동서양 사유의 차위差位가 낳은 인생관, 세계관, 가치관에 대해 언급한 것이다. 하지만 직선이 곡선을 함의하고 곡선이 직선으로 변화할 수 있듯 동서양 사유의 다름에는 사이 혹은 경계의 긍정적 이미지가 내재한다. 이 철학 에세이가 두 세계의 조화를 이면화한 이유다.

입체경

 거울이 먼저 마중한다. 거울 속 내 모습이 어색하다. 잠시 일손을 멈춘 그녀가 여느 때처럼 미소로 반긴다. 가운을 걸치고 안쪽 비어 있는 대기석에 앉는다. 서너 평 남짓한 작은 이 공간은 늘 장마당처럼 붐비는데 오늘은 평소와 다르게 기다리는 사람이 그리 많지 않다.
 가운데쯤에 앉아 있는 할머니는 가느다란 롯드를 촘촘하게 말고 투명 캡을 쓴 채 텔레비전 드라마에서 눈을 떼지 못하고, 그 옆 스마트폰을 바라보는 학생이 거울에 담겨진다. 잠시 후 중년의 사내가 들어와 익숙한 듯 두리번거리다가 샴푸실 옆 의자에 앉아 신문을 펼쳐 든다.

대개의 미용실이 그렇듯 큼지막한 거울이 벽에 부착되어 있고 그 앞에 미용 의자와 대기석이 거울을 면하고 있는 구조이다 보니 미용실의 풍경이 고스란히 거울 속에 담긴다. 의자에 앉아 하는 행동이 그대로 맞은편 거울에 비치는 걸 생각하면 여간 조심스러운 게 아니다.

긴 생머리 아가씨의 염색을 준비하고 있었던 듯 내게 가운을 건네기 바쁘게 달려간 원장이 염색 빗으로 보라색 약을 바르고 빗겨 내리는 동작을 반복한다. 긴 머리에 약을 바르기 위해 깨금발을 딛고 설 때마다 종아리 힘줄이 파랗게 돋는다. 다시 아래로 내려올 땐 마치 기도하듯 무릎을 꿇는 모습이다.

염색약 바르기를 마친 그녀가 비어 있는 미용 의자를 가리키며 앉으라는 눈짓을 보낸다. 턱받이 같은 파마 보를 내 목에 두른 후 파마 도구를 챙긴다. 층층나무 같은 서랍식의 도구 상자들이 바퀴를 달고 그녀에게 붙어 있다. 분신처럼. 상자에서 알맞은 롯드를 골라 머리를 마는 손이 재빠르다. 언제던가, 그녀는 모발의 두께며 앞머리 옆머리 상태에 따라 롯드를 달리하는 게 핵심이라 했다. 사람들의 미에 대한 욕구만큼이나 다양하게 변한 도구들을 보며 나도 아프로디테는 아닐지라도 그에 버금가는 미적 변화를 경험했으면 하는, 얼토당토않은 생각을 하는 사이 머리에 캡이 씌워졌다. 샴푸실에서 나온 긴 머리 아가씨가 헤어모델이라도 된 양 보라색 머리카락을 찰랑거리며 미용실을 나간다.

　미용 도구를 정리한다거나 바닥에 수북이 쌓인 머리카락을 쓰는 것 등 자질구레한 일들도 원장의 몫이다. 그런 그녀의 모습이 한때 대도시 번화가 미용실에서 보조로 일했던 친구를 떠올리게 한다. 퇴근 후 퉁퉁 부은 다리를 냉찜질하는 것은 그래도 견딜만한데 머리카락이 입에 들어가는 게 무엇보다 싫다던 친구의 말이 그녀의 바쁜 동선에 겹쳐진다. 이발소가 외과의원을 겸했던 시대에 유래했다는 사인볼의 빨강, 파랑, 흰색이 지닌 의미를 조곤조곤 알려주며 의사라도 된 듯 친구는 전에 없이 상기되었었다. 요즘 사인볼은 현대적 감각으로 변해 옛날의 의미와는 다소 멀어졌다 해도 손님의 외모를 성형해주는 미용사도 의원과 별반 다르지 않겠다고 생각하는 사이 그새 원장은 할머니의 머리에 중화제를 바르고 있다. 그러면서도 그녀의 시선은 손님들의 순서를 가늠하는 듯한 그녀의 표정이 거울에 비친다.

　흡족한 얼굴로 거울 앞에서 주름을 펴던 할머니가 나가자 원장이 내게 다가온다. 롯드 하나를 풀어 머리 웨이브 상태를 확인하더니 중화제를 바른다. 미용실에서의 중화는 분실물 장에서 주인을 기다리는 모자나 머리핀처럼 하염없이 기다리던 시간이 거반 끝나간다는 신호다.

　샴푸실로 향한다. 이곳에 오랫동안 다녔음에도 나는 샴푸

대 의자에만 누우면 긴장하곤 한다. 벽에 걸린 달력 속 모델의 외모를 부러워하거나 기대해서가 아니다. 어린 날 어머니가 내 머리를 감겨줄 때처럼 원장 앞에서 고개를 수그리는 자세를 취하는 것이라면 무난했을 테지만 비스듬히 누워 고개를 뒤로 젖히는 자세는 퉁퉁 부은 내 몸뚱이를 통째로 보여주는 것 같아 곤혹스럽다. 그것도 거울이 사방에 붙어 입체경 같은 공간에서의 샴푸 자세는 영 불편하다. 그런 내 생각을 눈치라도 챈 것인지 원장이 넓은 타월을 펼쳐 덮는다.

석동산 가는 길

새벽 어스름, 손전화 모닝콜 소리에 잠이 깬다. 꿈을 접고 있을 아들과 아침잠이 많은 남편이 깰세라 고양이 걸음으로 집을 나선다. 오르내리는데 한 시간이면 족하여 사람들의 발길이 끊이지 않는 석동산. 운동하러 가거나 산책 삼아 누구나 한 번쯤 올라 보았을 다정한 산이다.

백로白露가 얼마 남지 않았는데 새벽 공기가 눅눅하고 후덥지근하다. 늦더위라고 하기엔 날씨가 심상찮다며 새벽 산책을 나온 어른들이 걱정을 한다. 사람들의 걱정엔 무관심한 듯 길가에 늘어선 가로수 아래에 달개비꽃이 환하다. 작은 꽃이 한꺼번에 핀 모습이 커다란 푸른색 등하나 밝힌 것 같다. 자세히 들여다보니 푸른 꽃잎 두 장이 반쪽씩 나뉘어 서로를 마주보며 피어있다. 아래쪽에도 깨알같이 작은 꽃잎이 투명한 흰 빛을 띠며 핀다. 찬찬히 들여다보지 않으면 없는 것 같은 꽃잎, 작지만 지구의 한 모퉁이에서 자신의 역할을 감당하고 있다. 때가 되면 저 이파리도 아름다운 소멸을 할 것이다.

가는 길, 어떤 할머니 한 분이 텃밭에 나와 달개비꽃처럼 땅바닥에 엎드려 호미질을 하고 있다. 흙에서 손을 떼지 않는 할머니. 밭이 할머니의 구부정한 허리를 닮았다. 할머니의 뼈마디가 닳아진 만큼 호미가 닳아졌을 것이다. 할머니의 무릎에서는 마른 장작 부딪는 소리가 날 것만 같다. 밭고랑에 떨어지는 할머니의 가쁜 숨, 그 무게만큼 자식들은 성장했을 것이다.

올봄 할머니께서 미리 준비해놓은 듯 자그마한 손수레에 거름을 실어다 뿌리더니 할머니의 밭에서 자란 푸성귀가 다른 밭에 있는 채소보다 싱싱해 보인다. 땀방울을 먹고 자라서인지 상추, 부추, 당근 등이 간간할 것 같다. 아들, 며느리라도 찾아오면 금세 할머니의 짭짤한 정이 전해질 것이다.

자식과 마주앉아 식사할 할머니를 떠올리니 문득 친정어머니가 떠올랐다. 친정어머니도 집 앞에 있는 조그만 다랭이밭을 철따라 가꾸셨다. 옥수수, 토마토, 고구마 등 알맞게 심어 자식들 입에 들어가는 것을 보며 흐뭇해하셨다. 어린 마음에 어머니의 밭이 마술을 부리는 줄만 알았다. 어머니의 손마디가 굵어지는 줄도 모르고.

　새벽바람이 발등에 채는 산책길. 태풍 때문이었을까. 생솔가지가 부러져 나뒹굴고, 비바람에 떨어졌을 나뭇잎들이 어지럽게 널려 있다. 길도 움푹 패여 있다. 이런 날이 한두 번이었을까. 의연히 견디었기에 저렇듯 곧은 모습일 것이다. 바람에 제 몸이 잘리어도 불평하지 않는 삶, 내 어머니의 모습 같다.

　산은 계절 따라 변화하고 제 스스로 상처를 치유하며 항상 변함없이 그 자리를 지키고 있다. 어머니 같은 산은 작은 일에도 맥없이 흔들리는 내 삶을 돌아보게 한다.

　나는 내 삶의 나무에 싹이 나고 잎이 자랄 무렵부터 외로움과 놀아야 했다. 확고한 신념이나 가치관이 정립되지 않은 어린나무는 뿌리를 내리는 데 무척 힘들어했다. 소나기가 오고 바람이 불면 어찌할 바를 몰랐다. 생의 매서운 바람이 불어오면 피할 수 없는 필연의 시간이라는 것을 알게 되기까지 오랜 시간이 걸렸다. 그러한 시간들이 있었기에 여린 나는 단단해질 수 있었다.

　아침햇살이 부러진 소나무 가지를 어루만져주고 있다. 수많은 시련을 견디고 그 자리에 터를 잡은 아름드리 둥치의 소나무. 그 푸름에는 이유가 있다.

낙엽

나무들이 하나둘 이파리를 떨구고 노인들은 낙엽을 쓸어 모으고 있다. 이따금 노인의 빗자루를 벗어난 나뭇잎이 바람을 타고 얕게 날아간다. 눈은 나뭇잎을 쫓아가지만 몸이 따라가지 못한다. 자식을 키워 저 낙엽처럼 떠나보냈을 노인의 등이 가을바람에 굽어진다. 질질 끌고 가는 쓰레기 자루가 점점 부풀어 오른다.

쓸고 나면 떨어지고 쓸고 나면 또 떨어트리는 은행나무를 한 할머니가 구부정한 허리로 올려다본다. 문득 무슨 생각이라도 났는지 나무 앞으로 다가간다. 망설이는가 싶더니 이내 나무를 흔든다. 약이라도 올리려는 듯 은행잎이 꿈쩍도 안 한다.

한 팀인 듯한 네댓 명의 노인들이 우르르 은행나무 앞에 서더니 함께 나무를 흔든다. 그제서야 제 몸피를 떨어트린다.

도로변에 줄지어 서 있는 몇의 은행나무를 더 흔들던 노인들이 양지쪽에 구부리고 앉는다. 그중 한 할머니는 내가 아는 얼굴이었다. 아는 체를 하고 갈 것인지 아님 그냥 지나칠 것인지 망설이며 지나는데 불쑥 내 귓전에 익숙한 목소리가 달라붙는다.

"선상님, 어디 가는 겨?"

노인대학 강의를 할 때 만났던 할머니다. 매주 이어졌던 강의에서 유독 질문이 많았던 삼순 할머니. 그런 연유로 삼순 할매와 나는 친해졌고 많은 이야기도 나누었다. 당신의 자식들 이야기에서부터 먼저 간 할아버지 이야기도 서슴없었다. 할머니는 나와 나이 차가 많이 나지만 선상님, 선상님 하며 어린애같이 따랐었다. 어색했던 걸음을 돌려 할머니 앞에 섰다. 은행나무를 얼마나 힘들게 흔들었는지 얼굴들이 노래져 있었다. 고생만 하다 돌아가신 어머니 생각에 가슴이 울컥해지는 것 같았다. 옹기종기 앉아 볕을 뒤집고 있는 노인들에게 가벼운 인사를 하고, 마침 사 가던 빵 몇 개를 풀어놓았다. 입심 좋은 삼순 할매가 기다렸다는 듯 손짓 발짓 해가며 내 자랑을 늘어놓는다.

목이 메는지 한 할머니가 빨간 가방에서 물을 꺼내 마시더니 우유랑 사 오지 그랬냐며 드러난 잇몸으로 농을 던진다. 그나저나 집에서 기다리는 아들 녀석 때문에 가야 하는데, 이어지는 노인들의 이야기에 쉬이 자리를 뜰 수 없었다.

점점 기울어져 가는 가을볕에 올려진 이야기는 약장수 이야기였다. 옛날에 동네마다 들르던 약장수는 정감이 있었고, 해가 저물면 발길 닿는 그곳에서 하룻밤 신세를 지고 갔었다는 둥, 때가 되어 약장수가 오지 않으면 내심 기다리기도 했었다는 인심들이 오고 간다. 그러나 지금의 약장수는 노인들을 모아놓고 별별 속임수를 동원해 용돈을 긁어낸다는 노인들의 푸념에 동조라도 하듯 직박구리가 장단을 맞춘다. 몇 해 전 시어머니도 당한 적이 있어서 남의 일이 아니었다. 기왕 늦은 것, 노인들 틈에 끼어 나도 시어머니의 전기장판 사건을 늘어놓았다.

일찍이 혼자 된 시어머니의 살림살이는 고추보다 매웠다. 설거지할 때 수돗물을 틀어놓고 하는 습관 때문에 나는 신혼 초 지청구를 밥 먹듯 했다. 세숫물도 그냥 버리는 법이 없어 텃밭에 부었던 시어머니가 맥섬석이라는 전기장판을 턱 하니 사 왔었다. 몇백만 원이나 하는 장판을 산 이유인즉, 관절염 때문에 밤잠을 설치기도 하고 허리도 쑤시니 귀가 솔깃했을 것이지만 정작 사지 않으면 왕따를 당하기 때문이었다. 당신 딴에는 공짜 미끼 상품만 받아오겠다며 무리에 끼어서 갔지만 어디 그게 마음대로 되는 일인가.

노인들을 상대로 사기를 치는 약장수 문제가 어제오늘 일은 아니고 근자에는 법으로 강하게 다스리겠다는 뉴스를 본 적이 있다. 옛날에는 말 그대로 약을 파는 사람을 약장수라고 했지만 지금은 만병통치의 약에서부터 안 파는 게 없는 것 같다.

멀리 소금장수의 스피커 소리가 들려온다. 약속이라도 한 듯 노인들이 장갑이며 모자를 챙긴다. 무릎에 손을 얹고 일어나는 모습이 힘겨워 보인다. 낙엽이 되기 전 푸르렀던 은행잎처럼 한때 푸르렀을 노인들. 낙엽이 낙엽을 치우는 가로수 길에 노을이 든다.

기억에 대하여

    조용하던 열람실이 술렁인다. 문틈으로 들어온 냄새 때문이다. 학생들이 하나둘 일어나 밖으로 나간다. 리차드 테일러의 《형이상학》을 폈던 나도 책을 덮고 일어선다.
    악취의 진원지는 열람실을 면하고 있는 화장실이었다. 종종 아이들이 이곳을 사용하기도 하는데 뒤처리가 서툴러 가끔 역한 냄새를 풍기곤 했었다. 오늘은 그 상태가 좀 심한 듯하다. 코를 막고 달아나는 학생들 사이로 한 여성이 청소도구를 들고 급히 달려온다. 평소 청소를 하다 마주치면 어색한 미소를 먼저 보내오곤 하던 아주머니다. 건물 청소 일을 하면서 오늘처럼 인분이라도 치우는 날은 얼마나 고역일까. 내 잠깐의 생각을 지나쳐 화장실 문을 열고 들어간다. 문이 흔들리면서 냄새가 훅 다가온다.

내 유년의 마당가 대문 옆에는 살구나무가 문지기처럼 서 있었다. 나무 아래에는 헛간이 있었고, 헛간 안쪽을 가려주던 가마니는 금방이라도 내려앉을 것처럼 헐었었다. 가마니를 밀치고 들어서면 왼쪽으로 잿간이 있었고 오른편에는 요즘 화장실이라 불리는 또망이 큰 입을 벌리고 있었다. 분변을 받아내는 큰 항아리 위에는 어른 한 뼘 너비의 판자 두 개가 위태롭게 걸쳐있었다. 그 판자에 적당한 간격의 두 발을 올리고 쪼그려 앉아 일을 보는 것인데, 어른들이야 무난한 일이었겠지만 어린 나에게는 늘 공포 그 자체였다.

당시 똥통에 빠진 아이들 이야기도 어른들의 입을 통해 들려오곤 했었으니, 그 이야기가 떠오를 때면 더 겁이 나곤 했었다. 어렵사리 용기를 내어 판자에 발을 올리고 쭈그려 앉아 있을 때 바람이라도 불면 매달아 놓은 가마니때기가 얼굴까지 닿아 잠시 동안이나마 공포를 잊게 했다.

허름하게 걸려 있는 가마니는 똥냄새를 쉬이 배출하려는 의도이기도 하였을 것인데 냄새는 차치하고 무더운 여름날의 똥항아리 속은 그야말로 아비규환이었다. 손가락만 한 고자리 떼가 구물거리는 모습은 언젠가 그림으로 보았던 지옥을 연상케 했다. 뿐만 아니라 장마철에는 똥항아리에 어김없이 건수가 들었다. 똥물이 항아리 목까지 차오를 때 똥물에 묻지 않으려고 엉덩이를 들면 오히려 그 높이가 지닌 중력 때문에 똥물이 튀어 올라 엉덩이에 묻곤 했다.

고학년이 되어 이사를 가기 전까지 화장실에 대한 내 두려움은 이어졌다. 마파람이 부는 밤, 지붕을 흔드는 바람 소리가 들리면 텔레비전에서 유행했던 '전설의 고향' 속 폐가의 산발한 귀신이 떠오르곤 했다. 결국 용변을 보지 못하고 돌아와 잠을 재촉한 날에는 어김없이 이불에 그림을 그려놓거나 바지 속에 되직한 향을 지리곤 했다.

이러한 내 공포와 창피함에는 아랑곳없이 헛간을 감싸고 있던 살구나무는 똥항아리가 그득할수록 살구 향 밴 그늘을 넓혀 갔다. 대문간 옆으로 뻗은 가지보다 또랑 쪽으로 뻗은 가지가 더 실했고 열매도 굵었다.

복도에 갇혀 있던 똥냄새가 어느 정도 가신 듯하다. 그녀가 대걸레를 든 채 화장실에서 걸어 나온다. 뒤이어 여남은 살 되어 보이는 여자아이가 따라 나온다. 설사 때문이라는 그녀의 말 뒤에 숨은 아이의 표정이 어릴 적 오줌을 지리고 똥을 지린 내 표정 같다.

언제 그런 소동이 있었냐는 듯 열람실이 다시 정숙해진다. 여기저기 책장 넘기는 소리가 들린다. 덮어두었던 테일러의 《형이상학》을 편다. 기억의 냄새가 풍겨온다. 활자에 눈을 주지만 도서관에 똥냄새를 흩뿌려 놓은 아이의 표정이 어른거려 형이상도 형이하도 눈에 들어오지 않는다.

  사람이 살아가며 냄새에 일일이 반응한다면 살 수 있을까. 무엇에든 그 특유의 냄새 또는 향이 있으며 둘은 후각으로 인지된다는 차원에서 근본은 하나다. 그러나 냄새는 거부 감정으로, 향은 좋은 느낌으로 기억되곤 한다. 나는 누군가에게 냄새일까, 향일까. 뒷간에서는 똥냄새가, 살구꽃에서는 살구꽃향이 난다고, 굳이 냄새와 향으로 구별하는 것은 기억 때문일까. 일순 밀어오는 생각을 접는다. 냄새든 향이든 단 몇 분이면 동화되어 그 출처를 망각할 것이거늘 애써 그 공간을 벗어난 내 호들갑에 겸연쩍어진다. 무엇은 무엇이라고 기억된 냄새가 아닌 가슴의 후각을 떠올리며 애써 페이지를 넘긴다.

목련

    비를 머금은 바람이다. 어스름에 기댄 목련이 흔들린다. 첫 봉오리인 듯, 키 작은 나무도 바람에 흔들린다. 사월을 피워낸 목련이 공원을 찾은 사람들의 시선을 끈다. 바람을 거스르지 않고 흔들리는 목련에서 그녀의 모습이 얼비친다.
    그녀는 피기 전의 목련처럼 꼿꼿하게 앉아 있었다. 강의실 앞은 늘 그녀의 자리였다. 나는 맨 뒤에 앉아 강의를 들으면서 그녀의 뒷모습을 바라보곤 했다. 큰 가방을 메고 다니기 때문인지 삶의 무게 때문인지 그녀의 어깨는 언제나 처져 있었다. 마른 몸에 비해 유난히 큰 가방을 멘 모습과 그 시절 유행하던 순정만화 속 주인공 캔디처럼 눈이 컸던 그녀는 늘 지쳐 보였다. 하지만 도회적인 이미지를 풍기는 그녀에게 쉬이 다가가지 못했다.

몇 개월이 지났을까. 수업이 끝난 뒤 그녀가 눈을 껌벅거리며 차 한잔할 수 있느냐고 먼저 물었다. 그녀의 커다란 눈동자 속에서 나는 승낙도 거절도 하지 못하고 어정쩡하게 서 있었다. 그녀에게 호감은 있었지만 눈인사만 하는 정도였다. 잠깐의 어색함을 지우듯 그녀가 손을 뻗어 내 손을 잡았다. 조금은 낯설었지만 싫지 않았다. 이윽고 그녀의 입에서 말이 흘러나왔다. 카랑하지도 무겁지도 않은 목소리는 막 벙그는 목련처럼 단아했다. 컴퓨터 학원에 등록할 때 어색해하던 내 모습을 보았다며 그녀는 미소를 지었다. 이후 우리는 가까워졌다.

다방이라는 명칭이 쇠하고 카페로 이름을 바꾸어가던 시절, 종로의 학원 주변엔 카페라는 간판들이 우후죽순처럼 생겨나고 있었다. 그녀는 쭈뼛거리는 내 손을 이끌어 스타벅스의 문을 밀었다. 그곳은 생각보다 너른 공간이었으며 젊음으로 가득 차 있었다. 창가 쪽에 자리가 비어 있었다. 취업 준비하는 동안 친척 집에 기거하며 컴퓨터 학원에 다니고 있던 나는 처음 들어서는 카페가 어색했다. 그러나 그녀는 자주 와 본 듯했다.

주문한 커피가 나오길 기다리는 동안 테이블에는 우리의 시선이 가로놓였다. 이따금 공간에 가득한 피아노 선율이 침묵을 밀어낼 뿐 내게 말을 걸어오던 그녀의 맑은 모습은 사라지고 표정이 가라앉아 있었다. 점점 그늘져 가는 얼굴에서 묘한 기시감 같은 것을 느꼈다. 강의실에서 보았던 뒷모습보다 더 무거워 보였다.

그 사이 테이블에 올려진 커피향이 우리의 침묵을 지우고 있었다. 그녀는 창밖으로 눈길을 돌렸다. 특정된 시선이라기보다는 무엇에 골몰해 있는 것 같았다. 순간 그녀를 둘러싸고 보이지 않는 막이 생겼다. 나는 모른 척 커피잔을 들어 입에 가져갔다. 뜨거움과 진한 향이 일순의 생각을 끊었다. 한동안 그녀는 창밖의 시선을 거두지 않았다. 자연스레 나는 그녀의 시선을 쫓지 않을 수 없었다. 사람들이 서로를 스치듯 지나가고 있었다. 자신의 생각에서 빠져나온 그녀가 나를 물끄러미 바라보았다. 그리곤 천천히 입을 열었다.

"나는 집에 들어가는 게 두려워."

"……."

그녀가 내 말줄임표를 건너려는 듯 마른침을 삼켰다. 중학교 교복을 입은 지 얼마 되지 않아 새아버지로부터 성폭행을 당했으며 그 행위가 지금까지 이어지고 있다고 했다. 마치 자기 일이 아닌 것처럼 던지듯 말하는 그녀를 보며 어찌해야 할지 몰랐다. 당황해하는 내 표정을 무지르고 그녀가 말을 이었다. 고민하다 엄마에게 말을 했지만, 엄마도 새아버지의 폭력에 어쩌지 못했다는 것이다. 그랬었다. 시대가 변해 지금이야 하소할 곳이 많지만 그 시절엔 그러지 못했다. 청소년기에 가출도 여러 번 했었지만 엄마를 생각하면 이젠 그럴 수 없다며 씁쓸하게 말문을 닫았다.

그녀 옆에 놓인 무거운 가방처럼 나는 아무 말도 하지 못했다. 상처 없는 꽃이 있을까만 나는 그녀에게서 바닥에 떨어져 짓이겨진 목련의 모습을 보았다.

커피 한 모금으로 고통을 적신 그녀가 말을 이었다. 얼마 전 작은 회사에 취직을 했는데 컴퓨터 학원도 회사에서 보내주는 거라 했다. 아직 독립할 수 없기에 집에 들어가기 싫은 날에는 찜질방으로 간다며 옷가지가 들어 있는 가방을 가리켰다. 가방이 한없이 크고 무거워 보였다.

스타벅스에서 내려놓은 속엣말 이후 그녀는 학원에 나오지 않았다. 수차례 통화를 시도했지만 그녀와 연락이 닿지 않았다. 그녀의 자리는 내가 학원 수강을 마칠 때까지 비어 있었다. 사회에 첫발을 내디디기 위해 학원에 다녔던 그때, 그녀에게 어떤 말도 하지 못했던 후회가 목련을 볼 때마다 떠오르곤 한다.

바람이 거세진다. 내가 앉아 있는 사월의 벤치 발치에 목련 꽃 한 잎 뒹군다. 이내 매지구름이 비를 뿌린다. 꽃잎이 빗물을 털어낸다.

【작품론】
곡선의 사유와 의미의 여백

배 귀 선(문학평론가)

1. 비선형非線型의 물음

　물음은 낯선 것에 대한 관심으로써 이전과는 다른 이면 사유를 전제한다. 대상을 향하든 자아를 향하든 그 결과는 새로운 의미를 생성하게 되는데, 전오영의 대상을 향한 사유 역시 다르지 않다. 선형적 사유가 여러 관념 속에서 공통 요소를 뽑아내어 종합된 하나의 개념으로 대상이 지닌 차이를 무력화하거나 동일화하는 특성이 있다면 비선형 사유는 다양한 객체들의 운동성을 수용한다. 이 지점에서 개념 철학자로 불리는 헤겔과 차이의 철학자 들뢰즈를 호명해 볼 때 전오영의 작품 거반은 선형적 사유를 아우르면서 비선형의 곡선을 지향한다. 헤겔의 동일성을 비판하면서 차이의 존재론을 주창한 들뢰즈의 사유는 비선형적 특성을 지닌다. 헤겔도 차이를 언급했으나 그는 차이를 통해 개별자의 변화와 생성을 추동하는 것이 아니라 동일자로의 환원이라는 측면에서의 비판이다. 물론 헤겔 철학 전체를 들뢰즈의 동일성 비판으로 한정해 그를 현대성이 부재한 철학자라 단정할 수는 없다. 그렇더라도 헤겔의 동일성 철학은 선형적 이미지와 함께 되의 안과 밖을 구분하는 평미레를 연상시킨다. 왜냐하면 개념화 또는 동일화의 의미를 내포하는 도구이기 때문이다. 반면 들뢰즈는 되의 바깥 세계에 천착함으로써 존재자의 차이와 개별성을 강조한다. 비개념의 사유를 이면한 노장철학의 현대성이자 동서양 사유의 연접일 것인데, 개념적인 것이 직선과 선형적 사유를 배면한다면 비개념의 사유는 곡선과 비선형을 함의한다 하겠다.

  전오영의 수필집《노을 공책》에 투영된 사유 또한 무엇을 무엇이라 규정하지 않는 비선형의 곡선 사유가 내재되어 있다. 즉, 그녀의 수필 세계를 추동하는 원류로서의 비개념적 명제는 대상과 자아를 향한 비선형의 물음이며 삶과 문학의 곡률을 이면에 둔 사유의 유동을 추동한다. 이 같은 창작 정신을 바탕으로 수필의 본질인 성찰과 깨달음을 이면화하는 가운데 소설의 서사와 시적인 수사를 고명처럼 얹음으로써 수필의 확장성을 염두에 둔다. 아울러 시간 속 존재인 과정적 주체로서 자기의식을 탐색하기도 하고 사회의 그늘진 곳에도 닿는가 하면 타자를 향한 리얼리즘적 사유를 그려내기도 한다. 이는 무엇보다 문학이 삶과 유리된 대상이 아닌 삶이 곧 문학이라는 작가 의식의 투영이기도 하다. 이러한 의식에 의한 작품이 인정되어 한국예술위원회의 아르코문학창작지원에 선정되었지 싶다. 각설하고 본 평론에서는 수필 문학의 외연과 내연의 확장 맥락에서 전오영의 수필집《노을 공책》에 나타난 공간 인식에 따른 의미의 중첩과 이면적 성찰을 통한 의미 투사 측면에서 작품 전반을 살피고 나아가 기억과 이미지가 다양한 주체로 형상화 되어 있는 작품을 중심으로 곡선의 사유와 의미의 여백 관점에서 톺아보고자 한다.

2. 공간 인식과 의미의 중첩

　인간의 인식 체계는 시대에 따라 변하기 마련이다. 공간에 대한 인식 역시 그러한 과정을 거쳐 왔다. 근대적 공간관이 정태적·절대적이었다면 현대적 공간관은 유동적·상대적 인식 양상을 띠면서 의미에 의미를 거듭하고 있다. 공간의 변화는 과학과 철학 등 인간의 사고가 발달함에 따른 것으로 인간의 지성사와도 맞물려 있다. 그러한 공간은 채움과 비움의 이미지로 세계를 표현하는데, 채움이 무거움의 인식이라면 비움은 가벼움의 이미지를 지닌다. 한없이 채우거나 비울 수 없는 공간은 채움 뒤에 비움을 염두에 두기 마련이고 비움 역시 채움을 이면한다. 이는 공간이 가지는 특질로서 등질적이고 등방적인 면이기도 하며 한편으로는 연속적이고 무한한 공간성을 함의한 것이기도 하다. 물리적·현상적 의미라기보다는 인간 의식 공간과도 관련한 것으로써 현상 너머의 공간에 관한 인식이다. 이러한 공간적 사유가 엿보이는 작품 속으로 들어가 보자.

　무엇을 결론할 수 없을 때, 가장 무난한 결론인 무엇을 무엇이라 하지 않는 순한 바람이 반쯤 열린 쪽창으로 들어온다. 그러나 생이라는 내 마음 상자에 가득 찬 욕망이 삶을 움켜쥐고 놓지 못한다. 오늘처럼 나비 앞에서의 멈춤도 나비인형을 쥔 저 어린이 같은 내 어린 날의 순수이기보다는 내 의식의 무거움에서 오는 것일 터, 또 하나의 집착이 화강암에 눌리는 것 같다. (중략) 어디에 두었는지 아이의 손에는 나비가 없다. 나와는 달리 아이의 걸음이 아까보다 더 가벼워 보인다.

- 〈물음〉에서

나비를 테마로 한 전시회에서 공간에 대한 유비적 인식을 드러낸다. 새장 안 나비와 액자 속 나비를 통한 구속과 자유의 대비적 의미가 부각되고, 바위에 앉은 나비 조형물을 통해서는 무거움과 가벼움을 대비한다. 이때 구속은 무거운 것으로, 자유는 가벼운 것으로 병치되는데 이로부터 기인된 인식은 나비 떼의 비상에 이면한 자유와 가벼움을 떠올리는가 하면 실존으로서 장자의 '오상아吾喪我'에 기투된 깨달음의 자아를 떠올리기도 한다. 말하자면 "나비 앞에서의 멈춤도 나비인형을 쥔 저 어린이 같은 내 어린 날의 순수이기보다는" 의식의 무거움에서 오는 것이라는 인식이 그것이다. 화자는 "무엇을 무엇이라 하지 않는 순한 바람"과 같은 자유 또는 무규정적 언표를 소환하는 가운데 가벼움을 희구한다. 이러한 희구는 한 걸음 더 나아가 영화 《빠삐용》의 마지막 장면을 통해서 진정한 자유란 무엇인가라는 질문으로 귀결된다. 자유를 위해 끊임없이 탈옥을 시도한 백발의 빠삐용이 결국 감옥이라는 공간을 탈출했으나 그에게 진정으로 자유가 주어졌는지 묻는 것과 동일시된다. 말하자면 세상이라는 공간 역시 감옥과 다르지 않기에 단지 갇힘이 이첩된 공간일 것이라는 인식이다. 이때 새장과 액자, 그리고 감옥이라는 공간은 안과 밖을 구분하는 규정 사유의 현상적 상관물로 기능한다. 하지만 안과 밖이라는 공간을 구분하여 경계 짓는 것은 현상계의 일일 뿐이라는 각자(覺者)적 인식이 그러한 경계를 무화한다. 이때 화자의 공간 인식은 분리 또는 구분이기보다 안이 곧 밖이고 밖이 곧 안이 될 수 있는 클라인 병과 같은 것이거나 뫼비우스의 띠와 같은 구분 없음에 닿는다. 일테면 나비는 자유를 상징하는 대상물로 가벼움의 기표이자 기의로 기능하는데, 이는 "무엇을 무엇이라 하지 않는 순한 바람"과 같은 곡선의 사유에 이접된다. 이러한 희원의 궁극에는 '자비'와 '사랑'을 언급한 선자의 세계를 염두에 둔 사유가 자리한다. 따라서 "어디에 두었는지 아이의 손에는 나비가 없다."는 결미의 상징은 나비의 가벼움조차 손에서 놓아버린 어린아이의 순수 기표로의 인식을 꾀한다. 나아가 가벼움은 가벼움이 아니라는 역설은 "아이의 걸음이 아까보다 더 가벼워 보인다."는 시각을 통해 진정한 자유를 향한 의미 중첩을 생성한다.

부자유한 공간에 감금되면 누군가는 육신과 영혼이 피폐해지기도 한다. 하지만 그들은 그곳에서 언어의 실을 뽑아 사유의 집을 짓고 닫힘을 열림으로 치환한 것이다. (중략) 나무가 어둠 속에 뿌리를 깊게 내리듯 유배라는 어둠 속에 오히려 다산의 의식은 심오함으로 뿌리를 내린 셈이다. 때문에 어둠은 빛이기도 하고 빛은 어둠이기도 하다. 솔숲에서 바람이 인다. 바람 속에서 다산의 숨결이 느껴지는 듯하다. 나는 나를 어디에 감금하고 어디로 유배를 보내야 할 것인가.

- ⟨나를 유배 보내다⟩에서

앞의 작품 ⟨물음⟩이 공간에 투영된 대비와 중첩적 이미지를 언표화했다면 이 작품은 이 작품에서는 다산 초당 방문을 계기로 공간과 글쓰기의 관계를 언급한다. 내면 활동인 글쓰기는 열린 공간에서보다 닫힌 공간에서 사유의 심층에 닿을 수 있다는 맥락이다. 다산의 유배는 표면적으로 갇힘이지만 내면은 갇힘이 아닌 변모된 것으로써 그 논리의 공간은 사유의 응집과 응축이 내장된 공간으로 자리한다. 따라서 닫힘(유배)의 공간은 의미의 중첩이 일어나는 곡면의 장소이다. 때문에 "유배라는 어둠 속에 오히려 다산의 의식은 심오함으로 뿌리를" 내려 "어둠은 빛이기도 하고 빛은 어둠이기도 하다"는 인식에 다다른다. 그러니까 공간은 현상 너머 은유와 상징의 거소이자 "언어의 실을 뽑아 사유의 집을 짓고 닫힘을 열림으로 치환한" 공간인 것이다. 결국 화자는 창작의 모나드적 성격을 띠는 공간을 염원하듯 자신을 "어디에 감금하고 어디로 유배를 보내야 할 것인"지 물으며 스스로를 중첩화한다.

　　누군가의 추억을 단단히 여민 채 주인을 기다리는 트럭 위의 반닫이. 저 반닫이는 어떤 기억의 모습을 간직하고 있을까. 탈구된 기억도 나선의 기억도 저 안에서 이미지로 저장되어 있으리니 훗날 좋은 추억이 되었으면 좋겠다. 열려 있을 때보다 닫혀 있을 때 상상을 유발하고 보이는 것보다 보이지 않는 무엇이 더 소중하듯, 혹시라도 갈 곳이 없어 오래도록 골목에 서 있을 수밖에 없는 트럭이라면 꿈과 희망을 빌어주고 싶다.

　　　　　　　　　　　　　　　　　　- <반닫이>에서

"누군가의 추억을 단단히 여민 채 주인을 기다리는 트럭 위의 반닫이"를 통해 어머니의 반닫이를 떠올린 이 작품 역시 공간에 대한 인식이 두드러지는데 그 공간은 추억으로 현시된다. 일테면 어머니의 반닫이는 외할머니로부터 물려받아 낡았으나 외할머니의 시간과 어머니의 시간이 각인되어 있는 물건으로 화자와 화자의 어머니 그리고 외조모의 추억을 저장한 공간이다. 이로써 반닫이는 무의미한 대상이 아닌 유의미성을 내포한다. 따라서 "탈구된 기억도 나선의 기억도 저 안에서 이미지로 저장되어 있으리니 훗날 좋은 추억이 되었으면 좋겠다"며 길가 트럭의 주인을 향한 염원을 바탕한다. 이러한 공간은 "열려 있을 때보다 닫혀 있는 것들이 상상을 유발하고 보이는 것보다 보이지 않는 무엇이 더 소중"하다는 인식으로 연상화되어 문학적 상상력을 유발한다. 결국 어머니의 반닫이와 트럭 위의 반닫이는 닫힘과 열림의 이미지를 중의하는 공간으로써 추억의 화소로 작동하는 동시에 시간과 공간을 초월한 의미 중첩의 대상물로 기능한다.

3. 이면적 성찰과 의미의 투사

보이는 것이 전부가 아니라는 인식 이면에는 보이지 않는 세계에 대한 물음이 놓여있다. 이때의 물음은 여백 혹은 행간 읽기로서 대상이나 사건을 있는 그대로 표면화하기보다 간접적으로 묘사하거나 서술하는 문학의 이면보기와도 상통한다. 전오영 역시 이러한 문학적 질문에 면해 있으며, 물음을 통한 현상 너머에 은폐된 의미나 맥락을 드러냄으로써 삶의 긍정과 세계의 진실을 구현한다. 세계의 문제를 직접 언술이 아니라 우회 형상화하는 것이 문학의 궁극인 것처럼 전오영은 보이는 상처보다는 그 연원이거나 보이지 않는 상처에 관심을 둔다. 이 같은 발화는 곡선의 사유에서 비롯되는 것일 터, 수필 문학에서도 비가시 세계의 중요성과 관계의 이면을 살펴야 한다는 것으로써 전오영의 작품 곳곳에 이러한 의미의 여백이 중층적으로 나타난다. 이는 이분법적 논리에서 비켜선 존재 자체로서의 기투와 삶의 진실을 구현하기 위한 성찰이자 긍정의 사유라 하겠다.

    참깨에서 고소한 맛이 나면 그만인 것을, 중국산이면 어떻고 국산이면 어떠랴. 나는 살아오며 출처에 상관없는 참깨처럼 고소한 맛을 낸 적이 있었던가. 어찌 보면 중국산 참깨만도 못한 나일 것인데 그 출생을 탓해 무엇 하랴. (중략) 참깨에서 쓴맛이 나는 것도 짠맛이 나는 것도 아니거늘, 나 또한 나를 속이며 산 것이 수없는 날이고 보면 탓할 일도 아닌 듯싶었다.
                                        - ⟨고소한 고민⟩에서

국산이라는 말을 믿고 노점 할머니로부터 참깨를 산 화자는 중국산 참깨라는 기름집 주인의 말에 반박한다. 하지만 이내 마음 한구석에 의심이 싹트고 급기야 함께 구입한 서리태마저 믿을 수 없게 된다. 그러나 참깨가 유액(참기름)이 되는 과정을 바라보던 화자는 의심을 한 순간에 무화화한다. 중국산 참깨에서도 국산처럼 "고소한 맛이 나면 그만"이라는 수용미학 차원에서의 현상을 매개로 기존의 보편적 가치를 넘어선다. 현상에 대한 옳고 그름, 좋고 나쁨이라는 것도 일체유심조라는 사유에 이른 화자는 참깨의 출처와 참깨가 참기름이 되는 거듭남의 과정을 통해 존재론적 깨달음에 이른다. 또한 추상어인 "고민"이 '고소하다'는 감각어를 수용하는 대목에서는 비선형적 곡선의 사유와 함께 리좀적 사유를 유추할 수 있게 한다. 들뢰즈는 뿌리에서 줄기로, 가지로 이어지는 나무의 수직 구조가 위계적이며 수목적 사유체계라면, 줄기와 뿌리가 땅속에서 무한 증식하는 땅속줄기 식물들은 리좀적 사유체계를 이룬다고 강조한다. 대상을 통한 이면적 성찰은 물론 고민을 참깨의 고소함으로 치환함으로써 사유의 위계보다는 비위계적 긍정을 추동하는 작품이다.

영혼의 무게. 사람도 죽으면 21그램 정도로 가벼워진다는 던컨 맥두걸*의 말이 떠올랐다. 하지만 이론상의 중량일 뿐 어떻게 그 무게를 느낄 수 있을까. 하물며 사람의 영혼 무게보다 몇백 배는 가벼울 새의 영혼의 무게를. 그러나 나는 그 무게가 양에 따라 감지되는 것이 아닌 가슴으로만 느낄 수 있는 이별의 무게일 거라는 생각에 마음이 닿았다.

- 〈이별의 무게〉에서

지구가 둥글다는 현재의 과학적 지위를 뒤집을 수 없는 것처럼 생명체에게 죽음이란 절대적 진리라 할 수 있다. 이 같은 생명의 유한성에서 파생된 개념이 영혼이라는 어휘일 것인데, 이 작품은 새의 죽음을 통해 영혼의 무게와 이별의 무게를 병치함으로써 영과 육을 사유케 한다. 아파트 베란다 창에 부딪힌 새를 구해준 것을 계기로 시작된 새와의 인연은 침울했던 삶의 공간을 밝게 했으나 새가 자신의 품에서 죽어갈 때 가벼워짐을 느꼈다는 지인의 발화에서 화자는 사람이 죽으면 "21그램 정도로 가벼워진다는" 던컨 맥두걸의 말과 함께 영혼의 무게를 생각한다. 하지만 이는 이론상의 중량일 뿐 그 무게를 가늠할 수 없을 것이라는 의식에 다다른다. 말하자면 사람의 영혼 무게보다 몇 배는 더 가벼울 새의 영혼, 그 무게를 감지할 수 없을 것이며 이는 "가슴으로만 느낄 수 있는 이별의 무게"일 것이라는 현상 너머 인식이다. 새를 키우는 지인과의 대화에서 모티브를 얻은 이 작품은 종을 초월해 인간과 새의 교감을 보여주는 동시에 보이는 대로만 보거나 보고 싶은 것만을 보는 관성에서 벗어나 성찰의 이면 혹은 이면적 성찰의 내밀을 풀어놓는다.

　　수천 년이 흐른 후에도 싹을 틔운다는 연의 씨앗은 음과 양을 동시에 내장하고 있는 듯하다. 폭염과 폭한도 두려워하지 않는 의연함을 내포하고 있는 것은 한여름의 연지가 한겨울의 연지와 닮은 이유이며 사람살이도 마찬가지일 터이다. 극한과 극염이 다르지 않은 것처럼 무연히 자화磁化하는 연지가 상처는 스스로를 보듬어줄 줄 알아야 한다는 것을 알게 했다. 나는 그것을 살아내야 할 내 삶의 페이지에 받아 적었다.

- 〈세한도〉에서

인간에게 죽음은 불안을 일으키는 근본적인 원인자이다. 하이데거적 실존은 살아 있는 동안에도 항상 죽음을 경험한다. 이때 생명체가 죽음을 경험한다는 것 자체는 모순이다. 죽음은 그 자체로 생명의 소멸을 의미하므로 경험이라는 삶의 현상과 상반되기 때문이다. 하이데거의 모순어법은 생명의 부활을 의미하는 것이 아니라 죽음은 경험할 수 없으며, 발생할 수 없는 사건으로 인간이 살아가면서 느끼는 자기 존재에 대한 불안감을 의미한다. 이러한 불안으로 인해 살아 있는 동안 죽음을 경험하는 것과 같은 증거라고 본 것이다. 동물이나 식물과 같은 존재자들은 자신이 언젠가 죽을 것이라는 것을 알지 못하지만 인간은 죽음이 누구도 피해갈 수 없는 필연의 사건이란 것을 알고 있다. 불안감을 경험하는 주체로서의 현존재는 시간 속에서 자신이 있음을 의식하는 유일한 존재라는 것이다. 따라서 현존재는 시간의 통제를 받기보다 시간에 참여하는 존재로서 자신의 시간을 통제한다. 유한한 존재의 공허함을 자각하고 고통을 느끼지만 한편으로는 '나는 누구인가?', '나는 어디로 가고 있는가?'를 스스로에게 질문하는 존재로써 실존인 것이다. 겨울 연지를 바라보며 존재론적 사유에 닿은 화자의 내면에도 하이데거가 언급한 불안감을 경험하는 주체적 자아의 성찰이 놓여 있는데, 남편과 사별 후 연지 가까이 있는 곳으로 거처를 옮긴 화자는 연지 둘레길을 걷기 시작한다. 연지의 사계 풍경들과 대화하듯 걸으며 사별의 상처가 치유되는 가운데 겨울의 연지에서 죽음의 이미지를 연상하기도 하고 여름의 연지에서 삶의 이미지를 유추하기도 한다. 이때 한겨울 연지와 한여름의 연지가 닮아 있음을 자각하면서 음양을 품고 있는 연의 씨앗이 "수천 년이 흐른 후에도 싹을" 틔우듯 삶과 죽음이 하나의 씨 안에 내장되어 있음을 통찰한다. 말하자면 삶을 통해 죽음을, 죽음을 통해 삶을 보게 됨으로써 "극한과 극염이 다르지 않은 것처럼 무연히 자화하는 연지"로부터 "상처는 스스로를 보듬어줄 줄 알아야" 한다는 사실을 깨닫는다. 그러니까 연지는 변화의 상관물로써 화자의 깨달음을 있게 하는 동시에 화자의 지우와 같은 존재로 변모한다. 이처럼 사별의 경험은 화자로 하여금 죽음을 돌아보는 계기로 작동하며 연지에서 이루어지는 소멸과 생성처럼 생사가 다르지 않음을 사유하기에 이른다. 이외에도 "자신의 몸에 구멍을 내어서 욕심을 경계"(〈계영배〉)하라는 의미를 말하고 있거나, 소리를 인식하는 차이에 따른 심리와 깨달음(〈일체유심조〉) 등에서 존재론적 성찰을 엿볼 수 있다.

4. 기억과 이미지

저장되었던 기억은 관련 이미지를 매개로 재생된다. 이때 그 대상을 매개로 과거와 현재가 연접하는 형태를 띠는데, 감각 기관을 통하여 주변에 있는 대상을 의식하는 지각 작용과 비슷하다. 이러한 지각 작용에서 얻어지는 표상表象이 곧 이미지와 연결되는 것이다. 또한 기억 이미지 속에는 정서가 배어 있는데, 이 과정에서 원래의 정서라든가 이미지가 그대로 복원된다기보다 윤색되고 각색되기 마련이다. 이는 기억하지 못하는 기억이라고 해서 없었던 일이 아니라는 것으로써 경험 사실을 토대로 일정 정도의 윤색과 각색의 과정이 필요하다는 것이다. 필자는 〈기억의 디아스포라, 그 유랑의 재구성〉(《수필미학》, 2018년 겨울호)에서 "유랑하는 기억 역시 허구가 아닌 사실의 과거"라는 차원의 개념을 언급한 바 있다.

기억과 관련해 보르헤스는 〈기억의 천재 푸네스〉(《픽션들》, 민음사)를 통해 기억과 사유 이미지의 관계를 소설적 기법으로 풀어낸다. 사고 나기 전 푸네스는 보통 사람들처럼 기억했으나 사고 이후 그의 지각력과 기억력이 완벽해진다. 몇 개 국어를 힘들이지 않고 습득할 수 있으며, 구름의 형태라든가 물결의 모양을 완벽하게 기억하고 비교할 수 있게 된 것이다. 보고 듣고 지각하는 모든 일들을 그대로 기억해 복원시킬 수 있게 된 그는 자기 혼자의 기억이 세계가 생긴 이래 모든 사람들이 가졌을 법한 기억보다 많을 것이라며, 모든 것을 기억하는 자신의 기억은 쓰레기 하치장과 같다고 언급한다. 시간의 흐름과 연관된 푸네스의 기억은 신화 속 기억의 신(므네모시네)과 망각의 신(레테)의 관계를 유추할 수 있는데, 지나간 것을 기억하지 못하는 삶도 모든 것을 기억하는 망각 없는 삶도 불가능하다는 양가적 측면을 호명한다. 망각이 없다면 기억 또한 존재할 수 없다는 것이다. 이러한 기억은 고정이 아닌 물결의 성격이 강하다. 때로는 바다를 떠다니는 조각배와 같은 이미지로, 때로는 해무가 낀 것 같은 이미지로 저장되기 때문에 사뭇 너울이며 곡선적이다. 다음은 화자의 내면을 유랑하던 기억이 포장마차라는 이미지를 매개로 재현된 리얼리즘적 경향이 두드러진 작품을 살펴보자.

뫼비우스의 띠처럼 살아가는 일도 상승과 하강의 연쇄 과정이듯 이제 그녀의 삶의 곡면에도 봄볕이 깃들었으면 좋겠다. 주인이 건넨 붕어빵 봉지를 받아들고 나선다. 길가 목련잎들이 기억의 곡선을 그리며 바람 속으로 사라진다. 받아든 붕어빵에 자꾸만 그녀의 모습이 겹쳐진다.

- 〈기억의 곡면〉에서

화자의 심층에 저장되었던 그녀에 대한 기억이 떠오른 것은 포장마차에서다. 한때 집창촌에서 일했던 과거로 인해 소문의 도마에 오르게 되고 엎친 데 덮친 격으로 남편의 폭력이 잦아진다. 속수무책 폭력의 그늘에 놓이게 된 그녀는 포장마차를 운영해 생계를 꾸려나간다. 그러던 중 자신의 고통스러운 속내를 화자에게 털어놓은 후 어디론지 떠나버린다. 시간이 흐르면서 그녀에 대한 기억이 희미해져 갈 즈음, 화자는 어느 사진 전시회에서 한 장의 사진에 시선이 붙들린다. 집창촌 철거 장면으로 사진 속 여자의 절규엔 아랑곳없이 건물을 부수는 철거반원들의 모습은 기억 속 그녀에게 행한 폭력으로 읽힌다. 예컨대 기억과 이미지의 연계성인 셈인데, 그늘에 갇힌 삶이지만 그늘 뒤에 햇빛이 있게 마련이므로 불행은 행복을 위한 과정으로써 에너지라는 긍정으로의 귀결을 전시된 그림을 통해 보게 된다. "뫼비우스의 띠처럼 살아가는 일도 상승과 하강의 연쇄 과정"이라는 사유의 도출이 그것이다. "그녀의 삶의 곡면에도 봄볕이 깃들었으면 좋겠다"는 긍정의 메시지를 문면에 배치해 기억 이미지를 재구성한 수필로 리얼리티가 두드러진다. 시대를 인식하고 그 시대가 안고 있는 문제를 사실적으로 보여주는 리얼리즘은 이상이나 초현실과 다르게 현실적 성격이 짙다. 인물의 핍진한 서사를 통해 현실을 반영하는 소설의 서사성이 깃든 작품이다.

그녀 옆에 놓인 무거운 가방처럼 나는 아무 말도 하지 못했다.

상처 없는 꽃이 있을까만 나는 그녀에게서 바닥에 떨어져 짓이겨진 목련의 모습을 보았다. (중략) 아직 독립할 수 없기에 집에 들어가기 싫은 날에는 찜질방으로 간다며 옷가지가 들어 있는 가방을 가리켰다. 가방이 한없이 크고 무거워 보였다.

- 〈목련〉에서

성폭력을 소재로 한 이 작품 역시 리얼리즘적 수필에 가깝다. 학원 동료였던 "그녀"의 상처를 목련의 형상에 비유해 구조화한 작품으로 기억과 이미지의 상관관계, 그리고 그에 따른 의미화가 엿보인다. 즉, 그녀가 화자에게 자신의 아픔을 고백하기 전의 이미지는 피기 전 "막 벙그는 목련처럼 단아"해 보였으나 고백 이후 그녀의 모습은 바닥에 떨어져 짓이겨진 목련의 형상에 비유함으로써 타자의 아픔을 인식하기 전과 인식 후의 의미화 과정을 보여준다. 이때 목련은 화자의 기억을 매개하는 상관물이자 그녀의 외면과 내면의 변화를 기표하는 상관물로 기능한다. 때문에 목련을 볼 때마다 화자는 그녀를 떠올리는 동시에 그녀의 고백 앞에서 아무런 도움도 주지 못한 그 시절의 자신을 반추한다. 사회에 첫발을 내디디려던 차였기에 세상의 경험이 부재했던 탓도 있었으나 타인의 고통에 공감하지 못했던 자신에 대한 후회와 질책도 섞여 있다. 더하여 소재로 차용한 커다란 "가방"은 작품 속에서 그 역할이 작지 않다. "가방이 한없이 크고 무거워 보"

인다는 데서 그녀의 삶을 짓누르는 무거움의 이미지로 현현되기 때문이다.

> 냄새든 향이든 단 몇 분이면 동화되어 그 출처를 망각할 것이거늘 애써 그 공간을 벗어난 내 호들갑에 겸연쩍어진다. 무엇은 무엇이라고 기억된 냄새가 아닌 가슴의 후각을 떠올리며 애써 페이지를 넘긴다.
> - ⟨기억에 대하여⟩에서

악취로 인해 도서관 열람실에 소동이 일어난 것을 계기로 화자는 냄새의 기억을 따라간다. 그곳엔 유년 시절을 떠오르게 하는 마당가 살구나무와 그 나무 아래에 있던 재래식 화장실 '또망'이 있다. 수세식 변기의 사용과 다르게 어린 날의 또망은 화자에게 공포의 대상이었고 그러한 기억은 지워지지 않는 하나의 이미지로 저장되어 있다가 똥냄새로 인해 재현된다. 다시 열람실이 정숙해지고 화자 역시 읽다 덮어둔 《형이상학》을 펴지만 도서관에 똥냄새를 흩뿌린 아이의 표정이 어른거려 형이상도 형이하도 눈에 들어오지 않는다. 이러한 고백은 냄새에 일일이 반응하며 살 수 없다는 것을 전제로 자신 또한 누군가에게 어떤 냄새로 기억될 수 있다는 깨달음을 자각한다. "냄새든 향이든 단 몇 분이면 동화되어 그 출처를 망각할 것"인데 순간이나마 대상을 구별한 것에 대한 반성으로써 이는 냄새를 악취로 규정한 이분법적 표상체계에 길들여진 "기억의 냄새"에서 벗어나고자 하는 작가의 마음세계를 엿볼 수 있다. 대상으로부터 구분이 소거된 이 작품은 똥냄새를 매개로 경직된 혹은 체계화된 우리의 사유체계에 조용한 물음을 던진다.

> 그 시절은 기억 속 이미지로만 존재한다. (중략) 책 속의 삽화처럼 어떤 기억은 오랫동안 의식의 밑바닥에 가라앉아 있다가 이미지화 되어 어느 순간 생생히 떠오르곤 한다. 그것은 아마도 세상에는 정이 아직 살아 꿈틀거리고 있기 때문이 아닐까.
>
> - 〈기억은 책 속의 삽화처럼〉에서

책 속의 삽화를 매개로 기억이 호명된다. 한때 세 들어 살았던 그 집으로 가는 길은 건물과 건물 사이 좁은 길을 지나 골목 끝에 위치한 기억의 길이다, 그 길을 지날 때마다 길고양이들의 오줌 자국 배인 벽과 그 벽에서 고양이 울음소리가 금방이라도 번져 나올 것 같다. 그 집과 길에 관한 기억은 때로 스스로 기억을 지우기도 하고 중화시키면서 지금의 화자를 있게 한 처소이다. 화자의 기억 속에 이미지로 각인되어 있는 그곳의 "기억은 오랫동안 의식의 밑바닥에 가라앉아 있다가 이미지화 되어 어느 순간 생생히 떠오르곤 한"다. 의식의 반反공간으로서 기억의 헤테

로토피아와 같은 곳이기도 하다. 유토피아가 현실에는 없는 공간이라면 헤테로토피아는 현실에 실재하는 존재의 이상향 같은 곳으로 기억의 처소와도 같다. 이처럼 기억은 유랑의 이미지를 띠면서 시간을 점유하기도 하고 시간을 지우기도 한다.

5. 긍정의 모나드

부정 속에는 부정만 존재하는 것이 아니다. 온실의 화초보다 야생의 풀이 더 강한 이치처럼 부정과 긍정은 서로를 있게 하는 인과관계로 존립한다. 하지만 부정을 통한 긍정도 긍정을 통한 부정도 궁극에는 긍정의 과정이라 할 수 있다. 전오영의 수필 전반에 흐르는 곡선의 사유 역시 대립과 갈등을 전제한 부정의 정신으로서 긍정을 포섭한다. 비선형의 물음에 배태된 부정의 정신은 세계에 대한 긍정을 추동하는 원심력이자 구심력으로서 끊임없는 생성의 과정에 다름 아니다. 더하여 의미의 여백 혹은 바깥을 응시하는 작가로서 세계의 중심보다는 주변에 사유의 시선을 둔다. 요컨대 사회의 그늘진 곳, 약자들의 세계를 응시 또는 관조함으로써 타자의 세계를 담론의 주체로 형상화한다. 탈중심의 세계를 지향하는 것이라든가 자아와 세계 유비적 양태를 보여주는가 하면 나비를 테마로 한 조형물에서 구속과 자유, 가벼움과 무거움의 사유를 공간 인식과 의미의 중첩의 관점에서 보여준다. 또한 겨울의 연지와 여름의 연지에서 극한과 극염이 다르지 않음을 추출하고 생사일여 사상을 점유하여 성찰과 긍정을 투사하기도 한다. 더하여 기억과 이미지의 시각에서 타자의 이야기를 되새김질한 리얼리즘적 수필을 제시해 사회의 부조리한 단면을 부각하면서 주체와 타자에 대한 물음을 두루 산재한다. 이때 사유의 기저에는 노장적 긍정이 모나드의 형태로 관통한다. 노자 《도덕경》에서 "도는 하나를 낳고, 하나는 둘을 낳고, 둘은 셋을 낳고, 셋은 만물을 낳는다(道生一 一生二 二生三 三生萬物)"라고 하였을 때의 도道 또는 하나[一]를 의미하는 모나드는 무엇을 무엇이라 규정하지 않는 '道可道非常道 名可名非常名'의 철학적 시원일 것인데, 이러한 노자적 사유가 전오영의 수필에 명패처럼 자리한다. 이로써 곡선의 사유와 의미의 여백을 배경으로 긍정의 철학이 관류하는 그녀의 수필은 완결이 아닌 미완으로서 실존적 물음의 과정에 있다 할 것이다.